日本一の大投資家から教わった

人生でもっとも大切なこと

本田晃一

祥伝社黄金文庫

竹田《たけだ》和平《わへい》さんって知ってる？

竹田和平さんは
「タマゴボーロ」で有名な
竹田製菓の会長だ。
そして、日本一の大投資家らしい。

なんでも、一〇〇社以上の上場企業の大株主で、
日本のウォーレン・バフェットと呼ばれている。
これは個人が大株主となっている
上場企業数で日本一だ。

平たく言うと
「日本の大富豪」なのだ。

そんな竹田和平さんと、僕は
ひょんな縁から、五〇〇回以上寝食をともにして、
マンツーマンで学ぶチャンスに恵まれた。

僕は、豊かさの秘訣《ひけつ》を
知りたいと思っていたが
（大きな声では言えないけど
ホントは「金持ちになるためのノウハウ」を知りたかったはずなのに
「幸せになるための生き方」
を和平さんは教えてくれた。

和平さんの教えはけっこう
シンプルで深い。
シンプルすぎて
かえってわかりにくいぐらいだ。

今、僕は、和平さんの教えを通して、
お金に不自由しないためにはどうすればいいか、
家族にも恵まれた幸せな生活を手に入れるためには
何をすればいいかわかり始め、
周りの友人たちも幸せに生き始めている。

この本では
そんな「和平さんの教え」を
みんなにシェアしたいと思う。

はじめに

僕は「幸せマニア」だ。

幸せに生きたいという想いが強すぎて、自分より幸せに生きている人を見ると、節操なくすぐに教えを請《こ》い、その教えを宝物としてコレクションしてしまう。

どんなにあがいても泥沼から出られないとき、その困難を乗り越えてきた人からの教えに素直に従うと、そこからあっさり抜け出せることがあった。それだけでなく、自分では叶《かな》えられないような夢も、すでに実現している人に秘訣《ひけつ》を聞くとあっさり叶うことが数多くあって、むちゃくちゃありがたかったのだ。

いろんな困難が面白いように解消され、大きな夢がいくつも実現していくと、だんだんと余裕が出てきて、今度は自分が教えてもらったことを周囲の友人や知人に伝えるようになり始めた。

すると本業以外に、コンサルタントとしての仕事がたくさん来るようになった。

そう、この〝宝物〟は自分のためだけでなく、周囲の友人や知人にも使えるのだ。

この〝宝物〟が素晴らしいのは、使っても減らないどころか、使えば使うほど磨きがかかり、さらによいものになっていくところだ。

そして、周囲の人に喜んで使ってもらうほど、さらによい教えがやってくるという、不思議な好循環がある。

僕はラッキーなことに二〇代の頃から、成功者と呼ばれる人々や、幸せに生きている人たちに出会うチャンスに恵まれ、たくさんのことを教えてもらえた。

すると、僕の人生は信じられないほど激しく変化していった。

自分で言うのもおこがましいけれど、かなり幸せな人生を送ることができるようになったと感じている。

「幸せな成功者」と呼ばれる人との多くの出会いには、感謝してもしきれないほどなのだが、そのなかでも教えがひときわ輝いていたのが竹田《たけだ》和平《わへい》さんだった。

竹田和平さんは、『会社四季報』を開くと、さまざまな会社の大株主として一番多く名前が掲載されている人だ。

愛知県に本社を置く、タマゴボーロや麦ふぁ〜などのお菓子で有名な竹田製菓の会長であり、経済や金融の世界では「日本のウォーレン・バフェット」「一〇〇を超える会社の大株主」「日本一の個人投資家」などと呼ばれているので、ご存知の方もいるだろう。僕はめちゃめちゃ幸運なことに、そんな竹田和平さんと五〇〇回以上寝食をともにし、マンツーマンで和平哲学や帝王学を学ぶチャンスに恵まれた。

和平さんから教わったことを自分の人生に落とし込むのは、簡単なことではなかったけれど、さらに幸せを感じながら生きられるようになったし、周囲の友人や、コンサルティング先のクライアントに伝えると、やっぱり彼らもさらに幸せを感じられるようになり、どんどん成長していった。

そう、なんとも言えない豊かさを身にまとうことができたんだ。

今でこそ、和平さんは愛情に溢《あふ》れ、ほれぼれする生き方をしている方だと理解しているけれど、最初の頃はとてもミステリアスに感じ、なかなか理解できなかった。

初めて和平さんのオフィスをたずね、初めて和平さんのマンションに泊まったとき、とても驚いたことがある。

投資に関する資料が全然ないのだ。

オフィスには、『会社四季報』が数冊とノートが数冊。マンションには、『会社四季報』一冊とノート一冊。しかも、その『会社四季報』は携帯版のミニサイズ。

投資先を調べて研究するパソコンもなければ、証券会社からひっきりなしにＦＡＸが届くこともない。

これでどうやって日本一の投資家になったのか、むちゃくちゃ疑問に思った。

しかし、その答えのヒントは、和平さんと初めて出会ったときにいただいた名刺にあった。

和平さんの名刺には**「花咲爺・竹田和平」**と書かれていた。

その名刺を見て、頭の中に「？」が一〇〇個くらい浮かんでしまった。

「はなさかじい……？　日本一の投資家という肩書じゃないんですか」

思わず、僕は尋ねた。

「わしのことを日本一の投資家と呼ぶのは人様であって、わしは自分のことを花咲爺《はなさかじい》と名乗っとるがね〜」

和平さんは、めちゃくちゃ親しみやすい名古屋弁を使い、満面の笑みで言ったんだ。

花咲爺と名乗る理由をたずねると、またまた笑顔で嬉《うれ》しそうに聞き返してくる。

「花咲爺さんも意地悪爺さんも同じことをしたけど、結果がまったく違ったよねぇ。これは何でだと思う？」

この質問に、幸せに豊かに生きる秘訣が集約されていたことはあとで知ることになるが、このときは意味がさっぱりわからなかった。


結論から言うと、幸せで豊かな人生を送るためには、「在り方」が大切なのだ。


和平さんからテクニックを学ぼうとしても、和平さんのもとにはあまり開いた形跡のない『会社四季報』数冊とノート数冊しかない。これはテクニックを学んでも意味がないということだと理解するのに時間はかからなかった。

それよりも、和平さんと生活をともにするうちに、その生き方がものすごくユニークでかつ愛に溢れていることに気づかされた。

花咲爺は「在り方」がまったく違ったのだ。

この生き方や在り方は、投資の世界だけでなく、経済的にも精神的にも豊かに生きようとする人たちへのたくさんのヒントとなるに違いない。
本を読んでいるあなただけでなく、あなたの周囲の人たちの生き方も豊かにしてしまうヒントだ。
現に、和平さんの生き方を僕の友人、コンサルティング先のクライアントたちに伝えてみたところ、みんな幸せを感じながら豊かに成長し、大きな花を咲かせ始めたのだ。

あなたには、どんな花が咲くかって？

それではお待たせしました。
あなたらしい花を咲かせる、日本一の個人投資家、いや日本一の花咲爺・竹田和平さんの個人レッスンを、これから僕と一緒に受けてみよう。

二〇一四年六月

文庫のための前書き

今日は七月二十一日
竹田和平さんの命日です。

和平さんがこの世界を離れて、もう五年が経ちます。

本当にたくさんのことを教わりました。

そして、果たしてその教えをちゃんと生かしているだろうか？　を振り返る日でもあります。

いやー、まだまだだなーと思いつつも、まだまだだけど、本当に自分の人生が良くなっているなーと改めて感謝に溢れる日でもあります。

和平さん、あちらの世界でも元気でやってますか？　と、つい思ってしまい、なんとか心の中で会話できないかな？　と考えてしまいます。

今でも迷うことがあり、和平さんだったらどうされるんだろうかと考えながら、

「あ！　なんか心の中で会話してるぞ！」とも気付いたりします。

　本書をお読みになる読者の皆様も、和平さんと心の中で会話をしてくださいますと嬉しく思います。


　いつだったか、ご生前の和平さんのところに、海外の著名人が集まり、みんなで和平さんのお話を聞く機会がありました。

　その時、僕は和平さんの教えを授かった弟子として、何を教えてもらったか、皆さんの前でお話をさせていただきました。


　あんなことや、こんなことを教わりましたよ。

　そして人生がこんな感じで好転しましたよ。

　他にもあんなことやこんなことが……

と語り始めたら、なんだか涙が止まらなくなったのです。

　気がついたら号泣しながら話していました。

　心の奥底から何かがこみ上げてきて、魂が震えるような感覚で驚きました。

わんわん泣き出してしまって、何で泣いてるのかすらわからないけど、とにかく泣きながら話を続けました。

その様子はビデオに撮られていて、ちょっと恥ずかしいなとも思ったのですが。

話を終えてから
「和平さん、なんかごめんなさい。もう和平さんが亡くなってしまったかのような話し方になってしまって」

と和平さんに言ったのだけど、ちょっと会場で笑いが起こりました。

和平さんもニコニコされながら聞いていらっしゃったのも鮮明に覚えています。

でもなんというのでしょうか。

すっきりした感覚に包まれました。

実は人生で何度か「なんで僕は今、こんなに泣いてるのだろう」ということが訪れます。

滅多に起こらないのですが、うまく言語化できないのですが、もしも生まれてくる前に何か約束事をしてきてるとしたら、それを思い出させるような感覚とでもいうのでしょうか。


とにかく魂が震えるという感じでしょうか。

あ、この感覚が来たか。

自分の人生は、こっちの方向に舵《かじ》をきれってサインだな。

そっか、僕の人生はこっちかー。

というような感じです。


ごめんなさい。作家なのですが、これが精一杯の言語化になります。

でも「この感覚わかる」って読者さんもいらっしゃるのではないでしょうか。

大号泣する経験って、つい二年前くらいにも経験していますが、それは話が長くなるのでまたの機会に。

とにかく、思い出して胸が熱くなるような経験をさせてもらえて、本当に幸せなんだと思っています。

少し寂しさもまだ残っていますが、でもそれ以上に幸せなんだなぁと。

本当にありがとうございます。

引き続きよろしくお願いしますと、つい和平さんに伝えたくなる感覚です。

日本一の大投資家からたくさんの愛情を受けて、どこまで大きな配当にして世の中に還元できるのか、ちょっと背筋の伸びる思いです。

本書を手に取ってくださりありがとうございます。

こうして、和平さんとの素敵な日々の出来事を、共有できることを何より嬉《うれ》しく思っています。

二〇二一年七月二十一日

東京の自宅にて　本《ほん》田《だ》晃《こう》一《いち》

目次

第1章　お金

第2章

愛

第3章

豊かさ

自分のなかに秘められた豊かさに気づく

第4章 成功

第5章

人生の極意

ブックデザイン　井上篤(100mm design)

序章

出会い

理想の師匠に最短でアクセスする方法

この人が日本一の投資家かっ！

日本一の投資家とマブダチになりたい！

三四歳のとき、友人の山本時嗣《やまもとときおみ》君から聞かれた。

「晃《こう》ちゃん、竹田和平さんって知ってる？　今度名古屋で講演会やるんだけど、興味あるかな？」

「あー、日本一の個人投資家と呼ばれてる人でしょ。日本のウォーレン・バフェットとか言われる人だよね。もちろん興味あるけど、どんな講演会なの？」

「二〇人くらいの少人数で和平さんを囲んで、お話ししてもらうんだけど……」

「え？　それ、超贅沢《ぜいたく》な企画じゃない？　アツイね〜！　行く行く！　いつ？　俺を二〇人の枠に入れて声かけてくれたんだね。超ありがとう！」

まだ二〇代の気分を捨てきれないでいた僕は、こんなノリで和平さんの講演会への誘いに二つ返事で応じたのだ。

正直、このとき竹田和平さんについては「日本一の個人投資家」と呼ばれてることくらいしか知らなかった。

今までたくさんの成功者と呼ばれる人に会ってきたけど、竹田和平さんのようなすごい人の話を聞いても、自分の人生に活かせるかどうか、正直自信がなかった。

あまりにも住む世界が違うと思ったからだ。

それでも、ちょっと値上がりしそうな銘柄を教えてもらえたらラッキーだよなぁと、なんともスケベな心をもちながら、一カ月後名古屋へ向かう新幹線に乗り込んだ。

講演会場でドキドキしながら待っていると、作務衣《さむえ》を着て恵比寿様のような笑顔で和平さんが出迎えてくれた。

おおおー、この人が、日本一の投資家と呼ばれてる人かっ。

超頭脳明晰《めいせき》な鋭い目をした人を想像していたのだが、(こんなこと言ったら大変失礼だけど）頭脳明晰というより、ニコニコしている、ほんわかした雰囲気の人だった。親しみのある笑顔と名古屋弁で「よ〜来たね。いらっしゃ〜い」と、それは拍子抜けするというか、僕のような普通の人までも、昔からの友人のように出迎えてくれたんだ。

講演会では、徳の大切さを話された。

聞けば聞くほど、そりゃ徳って概念、大切だよね。でも、全然考えたことなかったなーと感心しつつも、投資方法の話とかいつするんだろう？　なんて勝手に期待しながら呑気《のんき》に聞いていた。

しかし、講演会の最後に和平さんがビジョンを語り始めるやいなや、「これは、和平さんとマブダチにならないとっ！」とカミナリに打たれたような衝撃を受けたのだ。

「今から徳が大切になる時代がくるでねぇ。

で、わしは徳を学び合う学校をつくろうと思っとるのねぇ。

学校といっても、生徒をしばりつけるようなものではなくてね。自然の豊かな場所で、芝生の上でバーベキューでもしながら、徳について語り合うがねぇ。みんなで仲良くそこに泊まってさぁ。

そうしたらみんな、楽しく学べるよね。楽しいともっと学べるよね。

そのために、わしの私財一〇〇億円使《つこ》うて、徳を学び合う学校つくろうと思うねぇ。

天はなぁ、わしによう儲《もう》けたなぁと言っとるよね。今度はどんな使い方をするのかと見とるよね。わはははは」


これを聞いた瞬間、鼻血が出そうになった。

なぁにぃいいいぃ！　僕の夢に近いじゃないか！　しかも予算一〇〇億円⁉

しかも、スーパー億万長者の成功者が師として登場する。

こ、こ、こ、これは!!!

マ、マ ブ ダ チ に な ら な い と ……

なぜ、僕はマブダチになりたいとまで衝撃を受けたのか？

当時、僕にどんな夢があったのか？

僕は、キャンプ場とペンションを備えた施設をもちたいと考えていたのだ。

放浪の旅で人生観が変わってしまった

ここで、少しだけ自己紹介。

僕は一〇代の後半でドロップアウトしてしまった。

推薦枠の作文で入った短大に将来をみいだせず、在学しながら予備校に通い、もっといい大学を目指した。

しかし、予備校の授業は面白くなく（そもそも受験勉強に面白さを求めるのもどうかと思うが）、なぜか五〇ccの原チャリを改造することに夢中になって、一二〇キロのスピードが出るスクーターをつくったりして遊び呆《ほう》けていたのだ。

当然大学に受かるはずもなく、通っていた短大すら除籍になった。そもそも英語の偏差値が三八から一向に上がらなかった。

結局フリーターになり、バイトで金を貯めて、自転車に乗ってオーストラリアを横断したり、東南アジアをバックパッカースタイルで旅をしたりしていた。

そんな旅のなかで、安宿やキャンプ場で人生を謳歌《おうか》しているさまざまな人と出会い、日本で知ることができなかったいろんな幸せを知った。お金がなくても人生の時間をとことん遊び尽くす達人たちに毎日出会った。これは、精神的な豊かさを学ぶいいチャンスになった。

達人たちと出会って、僕の人生観は大きく変わっていった。

当時、勝ち組とか負け組とかいう失礼な言葉はなかったけれど、人生は笑った数が多いほうが勝ちだよなぁ、同じ生きるなら、とにかくハッピーに笑って過ごしたい、笑う数を少しでも多くできたらなぁ、そんなふうに思うようになったんだ。

二三歳の僕の旅の手帳にはこんなことが記されている。

「俺の生きる目的は、腹の底から笑う時間をたくさんつくることだ」

放浪しながら空を見上げては、いつもそう思っていた。

この頃は、自分を成長させようとか向上させようと思うことはほとんどなく、いかに今日を面白おかしく生きるかだけを考えて過ごしていた。

しかし、金銭的な豊かさを知っている旅人に出会って、少し自分の考え方が変わった。

オーストラリアの安宿に泊まっていたとき、アメリカからやってきた青年が、こう言い放ったのだ。

「僕は会社を売却して、一生遊んで暮らせるお金があるんだ」

う、うさんくせー。

あー出た出た。こういう嘘《うそ》つき、旅をしていると定期的に現れるんだよなー。

でも、せっかくだから、からかってたかってやろうと、仲良くなってあれやこれやご馳走《ちそう》してもらったのだ。僕は自転車で旅をして、いつも腹を空かせていたので、これ幸いと、その青年をそそのかして、たらふくご馳走になった。

そんなあるとき、そのアメリカ人青年が見たこともない色のクレジットカードで支払うのを見た。


こいつ、本当にお金持ち？


「ごめん、疑ってたけど、君、リアルミリオネアみたいだね。どうしたら、俺もそうなれるんだろう？」

「簡単だよ、金持ちの周りをウロウロするんだよ。するといろんなチャンスが落ちてい

るのさ。彼らを師匠にして教えを請うといいよ」

「えー、どうやってウロウロすんの？　いろんなチャンスをくれなんて言うの、図々しいじゃん！　というか、そんな簡単に教えてくれるわけないだろ！」

僕はこう言ったのだが、彼の考え方を聞けば聞くほど、なるほどと思うことが多かった。詳細は次の章で書くが、僕はこのアメリカ人に、師匠（メンター）にいかに出会い、いかに学ぶかの秘訣を教えてもらった。これが、のちにとても役立つこととなった。

成功者を師匠にして助言を仰ぐ

そして二五歳が終わろうとする頃、放浪の旅を終えて帰国した。

愕然《がくぜん》とした。

父の名誉のためにあまり語りたくないのだが、父の経営する会社がバブル崩壊の煽《あお》りを受けて大変なことになっていたのだ。

僕は奮起して、会社の立て直しに奔走した。しかし、短大除籍のフリーターで、ビジネス経験のない僕が、奮起したところで何をしてよいのかさっぱりわからなかった。

ところが、幸いなことがあった。

父の経営する会社のお客さんは富裕層が多かったため、僕は、多くの成功者と呼ばれる人たちに出会うチャンスに恵まれたのだ。

安宿で出会ったアメリカの青年のことを思い出し、成功者の周辺をうろつき、勝手に師匠にして助言を仰ぎまくった。どうしたらうまくいくのか、と。

僕は成功者に助言を受けながら、二年かけて父の会社のホームページをつくった。そして開設すると、初年度からいきなり一〇億円を超える売上げになった。ホームページを通してどんどん取引が増えていったのだ。

今でこそ、ホームページの年商が一〇億円というのはあちこちにあるが、そのときはまだ日本でインターネットが普及したばかりの二〇〇〇年だった。

当たり前の話だけど、短大除籍でフリーターの自分の力だけでは、こんなことが実現するはずがない。師匠の存在は大きかった。いかに師匠に出会い、師匠から学ぶか、それが人生を大きく左右するのだと僕は痛感した。

こうした経験を踏んで、僕は一つの夢をもつようになった。

それは宿泊施設をつくることだった。

若者が師匠と出会う場があったらすごいことになるんじゃないか?
そんなことを漠然と考えていたのだ。

お役に立てることを考えてみる

どうしたらマブダチになれるか

僕の人生、一〇代の頃は半分捨てたようなもんだった。
それでも、二〇代半ばの安宿での出会いが人生を大きく変えた。
二〇代最後に信じられないような成果をあげることができた。
だから、三〇代に入ると、「今度は自分の番だ！」と強く思うようになったのだ。

若くてお金がなくて自分が何者かわかっていないような、当時の僕みたいな自分探し君と、成功した友人たちを一緒に泊まらせて、芝生の上でバーベキューでもしながら交流したら、若者たちはいい刺激を受ける。
僕が受けた恩やチャンスを、次に流す機会をつくれたらいいなと思っていたのだ。

緑の美しい場所で、芝生の上でビールを飲み、バーベキューしながらだと、どっちが上とか下とかなく、対等に話せて仲良くなれる。そして深く学べる。

普通、師匠の前では恐縮してしまう。しかしそれだと教えは自分のものにならない。恐縮していると、どんな教えを聞いても自分とは関係のない世界だと思ってしまうからだ。師匠と仲良くなってお互いの腹を割ると、同じ人間なのだなと思えてくる。するとようやく、師匠の教えが自分のものとして消化されていく。

そのためには、リラックスして楽しく語れる場所が必要だ。「そんな施設がもちたいな」と僕は思っていたのだ。

だから、講演会で和平さんのビジョンを聞いたときに、鼻血が出るんじゃないかと思うほどトキメイタのだ。そして、マブダチにならないと！　と強く思ってしまった。

いやね、倍以上年上で、しかも資産規模一〇〇倍の方に、「マブダチになりたい」なんて思うのが失礼なのはわかってる。でも、思っちゃったものはしょうがない。

どうしたらマブダチになれるんだろう？

「あ、いきなりマブダチは失礼だから、まずは普通のお友だちから」と恋する乙女のような心境だったが、この瞬間から、どうしたらマブダチになれるのか、密かに頭を一休さんのようにフル回転させていた。

すると、和平さんはこんな話をしたのだ。

「いきなり学校を運営する前に、今はインターネットの時代だがね。だからなぁ、メーリングリストを使って徳について論じ合おうと思っとるのね。

今はみんながインターネットを使いバーチャルでつながっとるし、いつでもどこでも徳について学び合えるからええねぇ」

そして、徳について学びたい人を募集したいというのだ。

うぉぉぉぉ！　これだ。お役に立てるではないか!!

当時、僕の発行するメルマガ www.hondakochan.com には、一万人を超える読者が登録していた。そこでスグに、「和平さんのところで徳を学びませんか？」と書いた。

僕だって学んでみたいし、僕のメルマガ読者さんも喜ぶはずだ。

そしたら、多くの方が和平さんのホームページにメールアドレスを登録し、学び始めたのだ。

純金のメダルが届いた！

しばらくすると、僕が初めて和平さんと出会った講演会の企画者、時ちゃん（山本時嗣君）から電話が入った。

「いや〜和平さん、ものすごく喜んでくださってねー。晃ちゃんにプレゼントを渡してほしいと言われて持ってるんだけど、いつ暇かなぁ？」

え〜プレゼントって何？　何？

さっそく時ちゃんと会い、お礼を言った。

「おぉぉ〜、ありがとう！　僕のほうこそお礼を言わせてもらいたいんだよ〜。だってすごーくいい情報を教えてもらってさ、僕のメルマガ読者さんもすごい喜んでくれてると思うんだ。だから僕も嬉しいし……。プレゼント早速開けてもいい？」

ごそごそと白い分厚い封筒を開けると、桐の箱が出てきた。

その桐箱を開けた。

「おぉ～、金色のメダルだぁ～。裏に僕の名前が書いてある！

感謝賞とも書いてる！　和平さんのお名前も！　嬉しいねぇ」

直径四～五センチくらいのズシリと重い金メダルを手にしながら、クルクル回して
「ピカピカできれいだねぇ～」と言ってると、時ちゃんが言った。

「それ、全部純金です！」

「へ？」

「それ、全部純金です！」

「へ？」

「だから、全部純金です！」

「へ？」

「はい、全部純金です」

「これ、コインサイズじゃなくてメダルサイズだよ。

大きいよ。ずしっと重いよ。ぶ厚いよ。

本物の金だったらすっごいお高いと思うのですが……」

ビビってしまって突然敬語になってしまった。そして時ちゃんがひとこと。

「でしょうねぇ（笑）」


「重い、重いよ。これって金だからこんなに重いの？

金なんて持ったことないからわかんないけど、あああ、鼻血が出そうだ。

い、いいのかな、こんなすごいのもらっちゃって。だって、メルマガで紹介しただけだよ。えーえーえー（頭の中で消化できてない）へ？　へ？　へ？？？」


マブダチになりたいと言っておきながら、金メダルをもらってうろたえる小市民な自分の小ささを感じながら、めちゃくちゃ焦っていた。

そんな小市民を気にせず、時ちゃんは話を続けた。

「この白い腹巻にメダルを入れて、お腹の周りに巻いておくと、いろいろないいことが起きるそうなんだ。和平さんが、住宅会社の支店長にプレゼントしたら、営業成績が急激に伸びて、その支店長はあっという間に社長まで上り詰めたそうだよ。

和平さん自身もつけてらっしゃるようだよ」

「はぁ、はぁ、左様でございますか。

あの、開運グッズってあまり気にしたことないんですけど、あ、開運グッズだなんて軽いコトバ使っちゃ失礼だな。だって、こ、これは効きそうだ。だってだってよい出来事、すでに起こってるではないか！」

僕がコーフンしていると、同じようにコーフンしながら時ちゃんが言った。

「これつけて寝ると、黄金の夢が見られるそうなんだ～。僕もいただいて持ってて」

「で、見た？　見た？」

「興奮して寝れなかった（笑）」

「ぶはははは（爆）。僕も今夜は眠れないよ～、寝返りも打てないし！　打ってつぶしたらバチが当たりそうだ」

さっそく装着してみると、なんかすごい。

なんだかよくわかんないけど、なんかすごい。

そう、この感覚は……。

初めて仮面ライダーベルトを装着して滑り台の上に立った幼稚園の頃と同じ感覚だ。空を飛べそうだ。ショッカーを全部やっつけられそうだ。地球と人類の平和のために何かできそうだ。

そうだ、これをつけて、世の中をよくしていこうではないか！

二〇代のノリを捨てきれない三四歳の僕は、このとき一〇歳以下の子どものような、純粋な気持ちになっていた。

そして仮面ライダーとなった僕の次の行動は、世界に向かったのではなく、実家に向かった。自分の家にはない、あるものを探しに実家へ行ったのだ。

僕は実家にあるキッチンのグラム計量器に、こっそりと純金メダルを載せて重さを量り、電卓に今の相場を入力した。そして、金額を見るなり再び鼻血が出そうになった。

一〇歳以下の少年と言いながらも、こういったときは汚れた大人に戻るのだった。

三〇倍返しのお礼

僕はいただいた金の重さにニンマリしながらも、再び頭を悩ませた。

お返しどうしよう・・・

だって、日本一の個人投資家だよ。

おいしいものや高価なものなんて、簡単に手に入るんだぜー。

どうしよう……。

僕は、再び一休さんのように頭をフル回転させた。

そして、おもむろに、**椅子を二つ向かい合わせに用意して考えた。**

この方法は、相手の気持ちを一人で知ることができるエスパーみたいな手法だ。

学生時代、演劇部に所属していた友人がよい役を演じるのに効果的な手法だと言って教えてくれた。こうすれば、自分の役と共演相手の役の気持ちを深く理解できるというのだ。これは演劇だけでなく、実生活でもかなり役に立つ。この手法でラブレターを書いた同級生が何人かいたくらいだ。


まず、一つの椅子に自分が座り、和平さんから金メダルをもらってすごく喜んでいる自分を思いっきりやってみる。

そして、もう片方の椅子には相手（この場合は和平さん）が座っていると仮定する。

次に、この椅子に自分が座り、和平さんの気持ちで考えるのだ。

するると、こんな気持ちになった。

「おお、若者よ、喜んでるな。喜んでもらって嬉しいぞ！」

（本当は、喜んどるがね～と言いたいところだが、この頃はまだ、名古屋弁を喋《しゃべ》れるほど、名古屋通ではなかった）

そして見えてきた！　**なるほど、和平さんは純粋に目の前の若者を喜ばせたかったんだ。じゃあ、素直に「すげー嬉しいです！」という姿を見せるだけで十分なんじゃないか⁉**　そんな気持ちになれて気分が楽に、そして楽しくなった。

そして、一つの作戦を思いついた。

「相手は日本一の個人投資家だろ……。よし、すごい配当をつけてお返ししたら絶対喜ばれるはずだ‼」

僕は五日間に友だち三〇人を家に招いた。一度に二〇人以上呼んだ日もあれば、数人の日もあったが、友人を招くたびにドヤ顔でこう言い放ったのだ。

「みんな、この純金メダル見てくれ！　日本一の個人投資家と呼ばれる竹田和平さんからいただいたのだ。すげーだろ！」

友人たちが家に来るそうそう、水戸黄門の印籠《いんろう》のように見せつけた。

すると、みんな初めて印籠を見た町の衆のように恐れおののき、ぶったまげるようなリアクションをとるのだ。つかの間の黄門様気分を味わえた。

「よし！　すげーだろ！　これをみんな手に持て、腹に巻け！

日本一の個人投資家からいただいた金だ。超幸運がやってきそーだろ‼」

あたかも自分が純金メダルをあげたかのようにみんなに自慢すると、みんなも、まさか黄門様の印籠を持たせてもらえるとは！　というようなリアクションをし、感激したり緊張したりしたあと、満面に笑みを浮かべる。

それをすかさず写真に撮り、三〇枚の笑顔の写真をお礼状と一緒に和平さんに送った。

和平さんからの手紙

どーだ、これで三〇倍返しの配当だぞ。日本一の個人投資家さんだから、大きな配当でお返ししないとな～。うふふ。
するとすぐに、上質な和紙の封筒が届いた。
差出人の欄には、達筆な毛筆で「竹田和平」と書かれていた。
ドキドキしながら封筒を開けると、次のようなお手紙が入っていたのだ。

本田晃一様
こんにちは　いつもご厚意を賜り　ありがとうございます
第三回貯徳問答講の講生募集には　偉大なご協力を賜り
予想をはるかに超える発展と　夢が大きくふくらみましたこと
とても嬉しく　有難く　涙がこぼれそうでした
ともかく感謝のしるしと
時嗣さんに　恵美寿金メダルを託しましたところ
いままでにいただいた最高の　感謝の言葉を賜り
驚きの感激に　何度も読み返し　皆様の喜びの姿も
驚きと感激で　受け取らせていただきました
そして　メルマガも拝見し　晃一さんが日本一の自動販売の

天命を帯びた人であること　知りました
そこで　晃一さんこそ　私が二〇年
探し求めていた人材であることに　氣づきました
日本一どころか　世界一の商品でもある純金百尊家宝の
世界中への自動販売の社長さんを　お引受け下さること
どうかご検討下さい　お願い申し上げます
純金百尊家宝　及び　純金福わ内は
変わることなき永遠の商品であり
その目的は　家興し　福起こしにあり
永遠の需要に根ざしています
本田家　竹田家が合体して　子孫が永遠に
世のため人のために働く根拠を　残すことはいかがでしょうか
森永家と松崎家の合体により　森永製菓が発展し
両家が交互に社長と副社長を務めつつ
両家が繁栄している姿が　一つのモデルです
それから　ご紹介により応募された方で

四二名様が受付作業が間に合わず　九月の第四回に
廻っていただきましたこと　ご免下さい
第四回は　最大で一〇〇〇名受け入れを望んでいます
次回の講生募集にも　どうかご協力をお願い申し上げます
私は貯徳講で旦那（リーダー）の育成と
ありがとう講で世界の平和に　余生を盡くすことに
最高の幸福を感じています
今後ともご協力を賜りますよう　宜しくお願い申し上げます
ありがとうございました

竹田和平

和平さんは涙がこぼれそうななか、僕は涙ではなく、再び鼻血が出そうになっていた。

なお、和平さんが「自動販売の社長さん」と書かれたのは、僕がブログの自己紹介の欄に「駄菓子屋で買い物をした時、店の前の自動販売機でジュースが売れるのを見て、『この自動販売機は、駄菓子屋のおばあちゃんより稼ぐ！　自動販売機は超高性能ロボットだ！』と勘違いする。幼稚園で書いた作文に、『将来の夢は自動販売機会社の社長』と宣言する」と載せているのを読まれたからだ。

当時七三歳の日本一の大投資家が、僕のインターネットのページを探し出してわざわざ見てくださったのだ。

こうして、竹田和平さんとのご縁が始まった。

「人生の地図」を手に入れるために

理想の師匠に出会う五つのステップ

さて、これから和平さんのレッスンを受ける前に、学びを実践しやすくするためのポイントをいくつか伝えたいと思う。これを知っていれば、和平さんの教えを理解できるだけでなく、自分が目指す方向にいる師匠に出会う機会が増えるだろうし、より深く学べると思うからだ。

僕は二〇代の半ばまで、理想の師匠に出会えなかった。

そもそも人から学ぼうという姿勢がないから、師匠となる人が現れても素通りしてしまう。成功した人から学びたくないというのは、自分より成功している人が目の前に現れると、自分のなかにある何とも言えない敗北感があぶりだされ、ケッという感じがしちゃって反発するか、どうせ自分なんてとイジケルかのどちらかだったからだ。

僕はそんな状態から、理想の師匠に出会いまくり、素直に教えを請い実践できるようになるまで、いくつかの経験を踏んできた。

ざっとそのステップをあげると、次のとおり。

①成功していない自分も好きになる
②自分を育ててくれた人との関係を少しでも改善していく
③師匠から教えを引き出すコツを知っておく
④学んだことは、すぐに周囲の人に伝える
⑤行動したあとに師匠は現れる

これができるようになると理想の師匠に出会い学びやすくなるのだが、僕は、できるようになるまでに多くの時間を費やしてしまった。一〇代半ばから、二〇代半ば過ぎまでできずに、とても苦労した。

僕みたいに無駄な時間を費やしてほしくないので、その経験談を少し紹介する。繰り返しになる話もあるけど、読んでほしい。

自分を好きになることから始める

まずは「成功していない自分も好きになる」こと。

僕は二三歳になる頃、自転車でオーストラリアを一周する旅に出た。

それまでは、作文で入った短大に将来をみいだせず除籍になり、会社ごっこをするもうまくいかず、フリーターをしていた。

そんなとき、バイト先の先輩からオーストラリアをオートバイで一周して帰国した話を聞いて、突如自分もやりたくなったのだ。バイクではなく自転車を選んだのは、より大きな成功体験がほしかったからだ。

当時、フリーターをしながら同級生と話していると、会社で部下をもち始めた話を聞いて何となく焦っていたし、自分はいつも挫折ばかりでものすごい自己嫌悪があったんだよね。この自己嫌悪を克服し、自分を好きになるには、何か大きな成功をしないといけないと思っていたんだ。

オーストラリアを自転車で一周したら、それは大きな成功体験になって、自分ＬＯＶＥになれると思った。

ところが、自転車でオーストラリア大陸を横断したところで挫折して車を買ってしまった。横断するだけで五五日もかかり、自転車が途中で嫌になっちゃったんだ。それで、車に乗り換えて旅をしながらも、自分はダメだなーと、何とも言えないもやっとした気持ちだった。

そんなあるとき、宿泊地の小さな町の酒場で飲んでいると、酒場の男たちが自分の失敗談を楽しそうに話していた。

その輪の中に入って、僕も話してみた。

「俺は島国から来た日本人だ。地図を見たらオーストラリアも島に見えてね。それで自転車で一周しようとしたんだけど、横断するだけで五五日もかかった。そこで、ようやくこの国は島じゃなくて大陸だと気がついて、今では車で旅をしてるんだ」

こう話すと、一同大爆笑。

お前の話が一番面白い、ビールは奢《おご》るから好きなだけ飲めって言われた。僕も一緒に大笑いして、今までもやっとしていたものがすっと消えていったんだ。

このとき、初めて自分を好きになるってことがわかった。

それまでの自分は、成功したら自分を好きになれると思っていたけど、ほんとは反対

で、失敗した部分を受け入れたら初めて自分を一〇〇％好きになれる。

生きていれば成功も失敗も常にしていくものだから、成功した部分だけを受け入れても、それは自分の半分しか好きになれていないってことだったんだ。

のちに、このときのことを友人で作家のひすいこたろうさんに話したら、**「人は長所で尊敬され、短所で愛される」**と言われた。うん、ほんとこの通りで名言だと思う。

自分の嫌な部分は、少し角度を変えて見ると、愛されるものになったりする。このことは、前著『自分を好きになれば、人生はうまくいく』（サンマーク出版）に書いたので、興味のある方はそちらをどうぞお読みください。

失敗した自分にＯＫが出せて好きになると、自分より成功した人を見ても、自分のできていない部分が気にならなくなってくる。

嫉妬《しっと》することもなくなるので、対抗心を燃やしたりいじけたりすることもなくなり、素直に学べるマインドになっていった。

成功者から話を聞き出す「ズバリの質問」

理想の師匠に出会いやすくなるために次に必要なことは、「親や先生など、自分を育ててくれた人との関係性をよくしていくこと」だ。

僕は一〇代の頃、父や母との関係があまりよいとは言えなかった。親の言うことが愛情だとは思えないというか、面倒だなぁと思うことが多くて。

ところが、それも愛情表現の一つだったんだなぁと気づくと、愛されてる感がベースとなって、目上の人から素直に学べるようになっていった。そのきっかけについてここで詳細を書くと長くなって、和平さんの話になかなか進めなくなるので、あとで話すことにしよう。

師匠が見つかったら、導いてもらいたい。

じつは、成功された方から話を聞き出すのは意外と簡単なのだ。

僕はこんなふうに聞き出した。

「どうやったら、あなたのような生き方ができるのでしょうか？」

この質問に尽きる。

成功した話やうまくいく秘訣を聞き出すなんて、ハードルが高いと思うかもしれないが、実際は全然違う。なんだかんだ言って、人は自分の成功譚《たん》や武勇伝を話すのが大好きなのだ。

父の仕事はゴルフ会員権の売買だ。帰国後その仕事を手伝い始めたとき、僕はゴルフ会員権を買われるお客様に、営業そっちのけで質問した。

「どうやったら、あなたのような生き方ができるのでしょうか？」

お客様は、趣味のゴルフに数千万円ものお金を使って会員権を買うのだから、仕事に成功している人が多かった。そうした方の話を聞きながら、目をキラキラ輝かせ、リアクションを大きくして頷《うなず》くと、大抵の人は饒舌《じょうぜつ》に語ってくれる。

こうして僕は、会員権をご購入いただいたお客様から**成功の秘訣を聞きまくり、ノートにメモをどんどん書いていったのだ。**

ただ、僕は字が汚い。大人になったら誰でも字はキレイになるもんだと思っていたのだが、汚いまま大人になってしまった。ただでさえ汚い字だから、ノートに速記した字は、自分で読めなかったりする。だからこっそり録音をしていた。

最初は録音していいですか？　と聞いていたが、録音機を前にすると、ほとんどの人がかしこまって話が面白くならないので、こっそり録音した。当時の携帯電話は大きかったので、中古の携帯本体を買って分解して、中身を録音機に入れ替えたのだ。

携帯をおもむろに机に置いて、スパイのように録音していた。

今考えるとお客様に申し訳ないのだが、あの頃は父の会社を盛り上げるために、どうにかして成功したい一心だった。

そして帰りの電車で何度も聞き返した。


二時間くらいぶっ通しで語られ、「うう、トイレにも行きたいのに」と思ったことも何度かある。

そうそう、字が汚くて読めなくてもノートに取ることは大切だ。

すごく重要な場面では、

「社長、ごめんなさい！　ちょっとゆっくり話してください！　今のところはものすごい重要ですから、全部メモしたいんです！」

じつは録音しているのだが、こんな感じで盛り上げていった。

そして、**聞いて学び取ったことを仲間に語った。**

これが四つめのステップだ。

僕の周囲には二代目社長を務める友人がたくさんいたので、彼らに、成功者から教えてもらった話をした。そして友人たちに、その社長への質問や感想はないかと聞き、集めた質問や感想をもって、そのお客さんに再会した。

「社長の話を仲間に話したら皆感動しました！　質問を預かってしまったので、うかがってもいいですか？　それと感想もあるのでお伝えしてよろしいでしょうか？」

そんな話をすると、再び気をよくされて、いろいろ語ってくれるのだ。

とある社長さんは、自腹でホテルのスイートに食事を用意され、僕と友人たちを招待して話をしてくださった。

「社長だったら、どうします？」

僕は、師匠の師匠と出会う方法も編み出した。

「社長の話にすごく感銘を受けました。社長に影響を与えた方は、どんな方なのです

で……」とポツリとつぶやく。

か？」と聞くと、「ああ、○○さんと言ってねぇ。それは素晴らしい考えをされてる方で……」**「そーですかぁ。そんな素晴らしい方なら僕も会ってみたいなぁ」**とポツリとつぶやく。

すると、「あ、来月一緒にランチをする予定だけど来る？」と招待されることがあった。

ランチに同席させていただくときは、その社長の師匠に向かって**「今日はありがとうございます。昨日から眠れませんでした。こちらの社長さんから、○○さんの、ここそこと、あれとこれと、と素晴らしいエピソードをたくさん聞いていたので、何かを学びたいというよりも、とにかくお礼を言いたいと思っていたのです」**

こんなことを言うと、紹介してくれた社長さんの顔も立つし、社長さんの師匠も快くいろいろな話を聞かせてくれた。

こんな感じで成功された方から、成功の秘訣をとにかく聞きまくったのだ。そして、自分で解決できない問題や課題も、その社長さんたちから答えを教えてもらった。

「今、自分はこんな状況で……」と話したあとに質問をする。次のように聞くのだ。

「社長だったら、どうします？」

この一言で、相手の頭を貸してもらうことができるのだ。自分よりはるかに優れた頭脳を拝借できてしまう。

こうして、いろんな困難を助けてもらいながら成功していくことも可能だ。

これらの話もすぐに周辺の友人たちと共有していくのだ。すると、不思議と運が味方してくれる。

イメージで言うと、周囲の人によい話を伝えると、周囲の人が胴上げをしてくれるような感じになる。すると、雲の上の人がぽんと見つけてくれる。そして雲の上の人が、ふっと次のステージに引き上げてくれる。

こうして人生はバージョンアップしていくような気がする。これは今も変わらず感じていることだ。

短期的な成功で終わってしまう人の特徴

多くの成功者と会っていくうちに、短期的な成功で終わってしまう人と、長期的にずっと幸せに成長していく人がいるのがわかった。

お客様に対してこのようなことを言うのは失礼だけれど、ゴルフ会員権を手放される方のなかには、昔栄華を誇られていたが、今は大変な状況になっている方も多くいらっしゃる。

そんな方に、なぜ失敗されたのか、その話も聞き出した。

当然、二〇代の若造が失敗した理由をいきなり聞くと大変失礼になる。相手はお客様なので、礼儀正しくしながら本音をうかがった。

「この会員権をもつことは、次に手にされる方にとって大きな夢でした。この会員権は誰もが憧れる名門中の名門です。次にこの会員権をご購入される方に、前の名義人の方がどのように素晴らしい方なのか、そのエピソードを添えて渡すことができたらいいなぁと考えています。

差しさわりのない範囲で、お話をおうかがいできますでしょうか?」

そうすると、その方の人生で最も輝いていた瞬間から話し始められる。気持ちがだんだんオープンになっていくと、失敗談も話されるようになる。

そして、「本田さんは、こういうことしちゃ駄目ですからね」と教えてくれるのだ。

こうして教えていただけると、目の前のお客さんに何とか復活してもらいたいと心底思った。

これらの話を聞くことは、むちゃくちゃ勉強になった。

最終的にどんな学びだったかというと、こうだ。

身近な人を大切にしていると、ピンチのときに助けてもらえるのだが、身近な人をないがしろにしてしまっていた。それで、ピンチを乗り越えるのが難しくなった。だから身近な人を大切にすることがまず重要だ。

この学びを父に話すと、こんなエピソードを紹介してくれた。

父が、**ホンダの創業者・本田宗一郎さん**の会員権を買い取らせていただいたとき、本田さんはこうおっしゃった。

「次に買われる方のお名前を教えていただけませんか。お礼状を書きたいのです。私の会員権を買ってくださる方に感謝の気持ちを伝えたいし、このゴルフクラブは本当に素晴らしく、とても楽しませていただきましたから、そのことも手紙に書きたいのです」。

父は、「ここまで感謝を表し、人を大切にされる方は初めてだ」と大変驚いたと言う。

僕がほしかったのは、こういう**人生の地図**だった。

どういう道を走ったら、どういう結果が待っているのか？

自転車で旅をしていたとき、ジャングルや砂漠も走ったけれど、地図を持たずに走ったことはない。入念にルートの情報収集をしておかなければ、命に関わるからおっかないのだ。

人生もそうだ。地図が必要だ。

だから、どの道が大丈夫で、どの道が危険なのか事前に知りたかった。

どの道を行くと、どんな結果が待っているのか。それは先人から聞くのが一番なのだ。

成功した方から学べるのは、道の選択方法と失敗したときのリカバリー力だ。

僕は、とにかくこれらを聞きまくって白地図を埋めていった。

こういうことをお客様に言うのは大変失礼だが、毎日人生の浮き沈みを見ていると、現在成功されている方を見たとき、この人は三年後すごいことになってる！　とか、あ、大変な方向に向かってるよなぁ……なんてことが、見えるようになってきた。

取引先の社長さんの会社に行くと、入口に入っただけでその社長さんの夫婦関係が感じ取れるようになってしまうのだ。

入口が妙に豪華だと、愛人がいそうだなぁとか、和気あいあいとした社風だと奥さんとも仲がいいんだろうなぁと、なんとなく勘みたいなものが磨かれていく。

毎日成功者と呼ばれる方と出会いながらも、幸せに生きている人と、そう見えない方がいっぱいいいたのも事実だ。

なぜ人はうまくいったり、そうでなかったりするのだろう？

どうせなら、自分は短期的な成功で終わるのではなく、長期的に、そして幸せをずっと感じられるようにしたい。そのためにはどうしたらいいのか？

その人生の地図がほしくなった。

自分が動き出そうとすると、地図を求めたくなる。すると不思議なことに、その地図を持った人と出会ったりする。

そう、これが**五つ目のステップ**だ。

師匠は、行動すると現れるものなのだ。

師匠は待っていても現れることはほとんどないし、現れても気がつかないで通り過ぎてしまう。

あとでわかるのだが、**和平さんが持っていた地図は別格だったのだ。**

その地図のスケールはハンパなくでっかいものだった。ただ、出会ったそのときは、どんなサイズかは見えなかった。

それでも、何か自分のなかの動物的な感覚がワクワクしていたのは、鮮明に覚えている。そして、和平さんから受け取った手紙のなかに、その地図が隠れていたことをあとで知ることになった。

第1章

お金

和平さん、どうしたら「幸せなお金持ち」になれますか？

日本一の個人レッスンが始まった

「いかに稼ぐか」と「いかに与えるか」

和平さんからの手紙を受け取り、さっそく時ちゃんと一緒に和平さんのところへ出向いた。

講演会のときと同じ、あの笑顔だ。

「よう来たね～」

僕がほしいのは、いつもあの笑顔で過ごせる生き方なのだ。僕は人生をたくさん笑って過ごしたいのだ。

「以前から夢に思っていた山荘の土地を購入したんだよ。一万二〇〇〇坪の敷地でね。そこで貯徳問答講（徳を論じ合う会）を開いて、徳の大切さや『ありがとう』と言うことの大切さを伝えたいんだよ」

そーですかっ！

「これから一〇〇億円使うつもりだでね。だってね、一〇〇億円使って一〇〇万人に伝えれば、とても豊かになるでねぇ。そしたら、すごい経済効果だでね。日本は世界から尊敬される国になりおるよ。わはははは」

そーですかっ!!

「このあと一緒に晩ご飯でも食べんかね」

そーですね!!

とにかく、話のスケールやら発想やらがぶっとんでいた。だから、返答はヤンキーの下っ端みたいに「そーですかっ！」を連呼していたのだ。

そして和平さんの運転する車の助手席に座り、僕が運転して和平さん後ろじゃなくていいのか？　とすごく恐縮しながら、誰しもが知っている超有名なレストランにディナーへとくりだしたのだ。

その名は**デニーズ**。

「好きなもの選んでね」

そうおっしゃる和平さんに、飲み放題のドリンクを頼むのはちょっと気が引けてしまった。ファミレスのドリンクバーで粘るなんて、なんだか学生みたいじゃん。でも、同席した友人の時ちゃんは、普通に飲み放題のドリンクを注文していた。

学生のように、デニーズのドリンクバーで粘りながら、「周囲のお客さん、誰もこの人が日本一の大投資家だと気づかないよなぁ」と思うなか、日本一の大投資家であり、日本一の花咲爺である和平さんの、日本一の個人レッスンが再開された。

和平さんの話は、「いかに稼ぐのか？」という話はまったくなく、「いかに与えるのか？」という話ばかりだ。

僕も寄付をしたりNPOをつくって社会貢献のようなものをしたりしてはいたけど、和平さんの規模と比較すると小さすぎるよなぁと思ってしまう。

ここは、「和平さんのような規模の資産をもっていたら、そこまで与えようってマインドになるでしょうけど……」という突っ込みを入れるところなんだろうけど、とにかく話される内容の何もかもが宇宙人みたいなスケールで、またしてもヤンキーの下っ端のように、「そーですかっ！」を連呼していたのだ。

めちゃくちゃでかいスケールの話に圧倒され、さすがに「僕とは関係のない世界の話だな」と思えていたのだ。

このときの話を詳細に語りたいのだが、その頃は、まだ和平さんの話を消化する能力がなく、雲の上のおとぎ話のように聞こえていたので、上手に語れない。

「晃ちゃんたち、泊まって行くかね？　わしの家じゃなくて、この近くにマンションがあってな、一緒に泊まっていかんかね？」

「はい！　泊まっていきます！」

僕は三等兵のように直立不動で答えた。

何度か泊まったことがあるという時ちゃんは、僕とは対照的に「あいあいー。いいですねぇ」と、めちゃゆるい返事をしていた。

日本一の投資家の驚くべき投資ツール

和平さんのマンションに入る前に、じつはドキドキしていたことがある。

正直に告白しよう。

和平さんの投資の秘訣が手に入ると思ったのだ。

和平さんのオフィスには、いわゆる投資に関するものがほとんど見受けられなかった。先に書いたように、『会社四季報』が何冊かと、証券会社のノートというかバインダーくらいだ。

日本一の個人投資家なのだから、パソコンが何台もあって、ディスプレイも宇宙船みたいな勢いでいっぱいあってと想像したのだが、和平さんのオフィスにある四台のパソコンはすべて徳を広める活動のために秘書さんたちが使っていた。

じゃぁファックスが一〇台くらいあって証券会社からひっきりなしに情報が届くのか

というと、一台しかなく、しかも動いている気配がない。

そっか！

投資に関するものはすべて、このマンションの部屋の中にあるんだ！

そう、勝手に期待していたのだ。

和平さんがマンションの扉を開くとき、それはスイス銀行の地下金庫の扉のように感じた。三等兵の僕は突如もみあげを伸ばし、心の中でつぶやいた。

「ふ〜じこちゃ〜ん」

ルパンのような気持ちでドキドキしながらマンションの部屋に入ると新築のいいにおいがした。

ステキなマンションではあるが、とりたてて豪華なわけではない。生活感のまったくない空間で、居心地がいい。

辺りを見回しても投資に関するものはほとんどない。『会社四季報』のスモールサイズ版が二冊とバインダー一冊だけなのだ。

え？　どうして？？？　どうやって株価を予測するの？？？

和平さんが満面の笑みを浮かべながら冷蔵庫から糖質五〇％オフの缶ビールを出してきて、個人レッスンが再開された。

ハテナがいっぱいだったが、和平さんは、糖質五〇％オフのビール片手に、袋にかわいいウサギが描かれた幼児が食べるクッピーラムネをポリポリかじりながら、どうしたら周囲の人が豊かになっていくのかを嬉しそうに語り始めた。

話を聞きながら、僕も同じことしたら同じようになれるんじゃないかと、あわててクッピーラムネをほおばった。

なんだかわからないが、まずは形からだ。

どうやら「与えるマインド」が大切らしい

和平さんの動機の源

その後、マンションに何度通っても、和平さんは相変わらず、どうやったら多くの人が豊かになるのか、徳をどう伝えていくか、とにかく話はその一点なのだ。

「いかに与えるか」の話がほとんどを占めているというか、いつも和平さんの動機の源はそこなのだ。

投資の手法は、とくに話したりしない。

別に意地悪で話をしないという感じには見えない。

投資の手法よりも、在り方を多く語るのだ。

在り方、とくに「与える」ことが重要なことは僕も知っている。

和平さんと出会う前、さまざまな成功者から「与える大切さ」を聞いていた。

成功して幸せそうに見える人は、「与える」という話をよくしていた。対照的に、成功しても幸せそうに見えない人からは、与える話を聞いたことはほとんどなかった。

どうやら「与える」ことは、豊かに生きるうえで重要なカギになるらしい。

僕はそれにうすうす勘づき、理解し始め、実行してみると、一気に運が開けたという経験がある。

さまざまな師匠に出会う前は、僕は周囲に与えるというマインドより、いかに自分がいい目にあうかを考えていた。

どう出し抜き、どううまい汁を吸うのか。

具体的な話はあとで紹介するが、そのマインドで一度はうまくいったのだが、どうにも幸せになれなかった。

僕がどのようにして与えるマインドに切り替わっていったかは、おいおいこの本で紹介していくとして、与えるようになって運が開け、幸せになってきたことを感じていた。だから、自分も与えることができる人だと思っていたのだ。

いろんな経営者がよく僕のところに相談に来ていたので、僕は周囲とどう分かち合い、どう与えればいいのか、そんな話をした。すると、彼らの人生は好転していった。

それでも、僕は「与える」話よりも「いかに稼ぐか」の話のほうを、圧倒的に多く話していた。

しかし、**和平さんがするのは、与える話がほとんどなのだ。**

僕は、与えるというテーマで語ることができると思っていたが、和平さんと話をしていて自分の小ささに気がつくようになった。

和平さんほど与えることができたら、きっと今からは想像がつかないほど豊かになるだろうと、おぼろげに理解できた。

和平さんを見ていると、投資手法によって株で勝とうとしているとは思えない。そもそも株で勝つとか負けるとかという認識が大きな誤解だとあとで気づくのだが、この時点ではまだ、ちっともわからなかった。

投資手法ではなく、ほかにカギがあるのではないかと思うようになったのだ。

だって、『会社四季報』と一冊のバインダーだけなんだから。

リーマンショックをピタリと言い当てた

あるとき、「和平さん、これから株はどうなりますか?」と聞いたら、適当な方眼用

紙に、適当に削った鉛筆で、

「これからの株価は、こー動いてだね、この辺でどーんと下がって、ちょっとだけ上がって、くしゅんとなりおるねぇ」

とニコニコしながら語った。そして表情を少し曇らせ、

「くしゅんとなりおると、困る人がたくさん出るねぇ。だからどうにかせんといかんねぇ。困る人が連鎖しないように徳を伝えたり知ってもらったりすることが大事でねぇ」

その適当に書いたと思われるグラフが、リーマンショック前後の値動きとピッタリ一致していたことは、二年後に知ることになった。

とにかく、ここでも稼ごうというマインドではなかった。

与えようというマインドなのだ。


和平さんがうまくいっているのは、いつも与えようというマインドだからなのか？

と思うようになってきた。本当に花咲爺のマインドで生きているのだ。

隣で体感してくると、じゃあ僕も、もっと与えてみたいと思うようになる。

でも、いざやろうと思うとできないんだよー。

なんだかんだ言って、どうやったら自分がよくなるかを軸に考えてしまう。それがそ

もそもの生存本能としてある感情だから、無理なんだよね。

でも、何度か和平さんの部屋に通っていくうちに、だんだんと生き方が変わっていった。これからそれについて話そう。

当時の僕がそうだったように、読んですぐに理解し実行するのはかなり難しいかもしれない。けれど、これから話す和平さんのぶっ飛んだ話を聞いていくと、だんだんと理解が進み、自分もやってみようかなと思えるはずだ。

「与える」という生き方が軸になると、今ある悩みがクリアーになるどころか、周囲の人を輝かせる生き方になっていくのだ。

本書を最後まで読み終えた頃には、それが伝わることを願って書いている。だから安心しながら、このまま閉じずに読み続けてほしい。

というか、和平さんの超面白い話は、まだ全然紹介していない。

早く面白い話を紹介したいのだが、どうしても基礎部分をお伝えしないと、当時の僕がそうだったように理解するのが難しいと思い、くどくどと書かせていただいた。

とにかく、この段階ではまだまだ説明不足だが、幸せなお金持ちになるには、どうやら与えるマインドが大切になるらしいということだ。

和平さんにとってお金とは何ですか?

お金と幸せの悩ましい関係

お金に対するイメージは、人によってさまざまだ。

「人は、その人がもつお金のイメージ通りに、お金と接する」という話を聞いたことがある人もいるだろう。

お金は汚いと思えば汚いものになるし、お金は失うものだと思うと失ってしまうし、お金はいやらしいものだと思えば、いやらしいものになる。頑張って稼ぐものと思えば頑張って稼ぐものになる。

そして、使い方も稼ぎ方も同じ感情を伴う。

たとえば、ストレスを感じながら稼ぐと、ストレスとともに使ってしまう。

無理をしまくる営業マンが給料日に派手に飲んだり、残業が大変なOLがブランド物を買いあさったりして、ストレスを発散するというものだ。

何も飲みに行くことやブランド品を買うことが悪いと言っているのではない。どんな気持ちでお金を使ったのかということなのだ。

僕もお金に対するイメージが変わっていった頃、稼ぎ方、使い方が変わった。そして、稼げない自分から稼げる自分になっていった。

喜びとともにお金が入ると、喜びとともにお金が出ていく。

人から感謝されてお金をいただくと、今度はお金を使うとき、このお店ステキだから、このお店を喜ばせるためにひいきにして使おうとか、寄付をして誰かを喜ばせてみたい、などと変化していく。

とはいえ、そもそも稼ぎたいと思う根底には、安心したいとか幸せになりたいなどという気持ちがある。同じようにお金に囲まれていても、幸せそうな人と不幸せに見える人がいるが、僕は幸せなほうになりたいのだ。

幸せになるには、お金に対するイメージ、お金を稼ぐときの感情が大事だ。

どれだけお金を稼ぐ手法をマスターしたところで、お金に対するイメージが根幹にあるから、そこをしっかりしないと、土台がぐらついてしまう。

誰がどう見てもものすごく優秀な経営者が失敗したり、反対に（失礼ながら）あまり優秀に見えない経営者がうまくいったりしている例をたくさん見てきた。そして僕は、成功や幸せに生きる秘訣は、どうもお金に対するイメージが大きいのではないかと思うようになっていたのだ。

では、日本一の投資家と呼ばれ、いつも笑顔で過ごす和平さんにとって、お金とはどういうイメージなのか。

和平さんの周辺にいると、和平さんの投資手法はとりたてて複雑に見えない。眉間《みけん》にしわを寄せて相場を見ている姿なんて一度も見たことがない。

毎日笑顔で過ごしている。

やっぱり、お金に対するイメージや根底の部分に何か秘密があるんじゃないか？

通えば通うほど、手法より在り方に意識がいくようになった。

「お金は無尽蔵に増えよるよ」だって？

和平さんに直接聞いてみた。

「和平さんにとって、お金とはどんなイメージですか？」

「お金は無尽蔵に増えよるよ」

あはは―。そーっすよねー。

僕も同じこと思ってましたぜーという顔をしながら心の中で思った。

減るってば……。

ちょっと気になったので、流さず突っ込んで聞いてみた。

「どうして無尽蔵に増えるんですか？」

「お金っていうのはね、喜ばせたら増えるんだわ。

目の前のお客さんを喜ばせたいと思って喜ばせたら、今度は目の前のお客さんが払いたいって、喜んでよーけ払ってくれるがね。

そのお金をもらうときはどう思う？　こっちも嬉しくって、もっと喜ばせたいと思うがね。そしたらもっと払ってくれるね。そしたら、あっちでも、こっちでも、そっちでもドンドン嬉しくなって喜ばせることを止められなくなるねぇ。だから、お金は無尽蔵に増えよるがね」

この話を、和平さんは五歳くらいの男の子が幼稚園であった楽しい出来事を家で笑顔で話すような感じで語るのだ。

五歳の子が話すのなら、現実を知らないファンタジーの世界の住人だから仕方ないと思うのだが、**現実の世界チャンピオン、日本一の個人投資家**が笑顔で語っているのだ。

でもね、このエピソードを紹介しただけで、読者が今すぐに和平さんと同じイメージでお金に接することができるなんて思っていない。

二〇代前半のフリーターだった僕に、この話をしても通じやしない。

深夜のコンビニでバイトをしていたときに、酔っ払いの客がガリガリ君を持ってきて言った。

「これ、チンして」

「は？　これチンしたら、まずいっすよ」

「いいから、チンしろ！」と小銭をブン投げてきたので、仕方なしに温めて出したら、「まずい！」って投げ捨てられたりしてたんだぜ。

モップで床を掃除している僕に、今の話をしたって通じるわけがない。お前もモップで掃除しろよって、モップを振り回して喧嘩《けんか》しちゃうかもしれない。

まぁ、具体的な和平さんの個人レッスンは始まったばかりだから、「和平さんのような価値観もあるんだな」ということを、とりあえず知ってもらえるだけで嬉しい。

今日から考え方を変えよう！　なんて言ったら、当時の僕がモップを振り回しちゃうからさ。

お金は自然と集まるもの

「和平さん、無尽蔵にお金が増えるのはわかりました。

で、増えるだけじゃなくて、どうやったら自分のところに集まるんでしょう？」

「周りの人を幸せにして自分もワクワクすれば、お金は自然と集まるがね」

相変わらずの和平節だ。

おっしゃることは、もっともなのだ。

しかし、目の前のお客さんを幸せにするために、ガリガリ君をチンして怒られた僕が聞いたらどうだろう？

あー、やっぱりモップを振り回して怒るわな。

「俺の大変な気持ちわかるのか！」って。
大変な状況にいたら、理解できないよね。

でも、和平さんは戦後の焼け野原から早くに立ち上がっている。
戦後の焼け野原以上に大変な状況って、今の時代にあるだろうか？
そんななか、和平さんは周りを幸せにしながら伸びていったのだ。
そんな素敵なエピソードもあとで紹介しよう。

花咲爺の
幸せを引き寄せる名語録

お金っていうのはね、
喜ばせたら増えるんだわ。
目の前のお客さんを喜ばせたいと思って喜ばせたら、
喜んでよーけ払ってくれるがね。
こっちも嬉しくって、もっと喜ばせたいと思うがね。
そしたらもっと払ってくれるね。
だから、お金は無尽蔵に増えよるがね。

「お金は愛の光」ってどういうこと？

日本中の赤ちゃんに「純金メダル」をプレゼント

和平さんの活動でぶったまげるものがある。

和平さんの誕生日である二月四日生まれの赤ちゃんに、特製の「純金メダル」をプレゼントするのだ。

生まれて三カ月以内に二月四日の出生証明を和平さんのオフィスに送ると、もれなく純金メダルが贈られてくる。

「和平さん、なんで純金メダルを贈られるのですか？」

「ほれ、晃ちゃんがもし赤ちゃんのときに金《きん》をもらったら、どう思うがね？」

「まあツイてると思いますよ」

「そしたら、金をもらったご両親とか一族はどう思う？」

「そりゃーツイてる一族だと思いますよ（笑）」

「じゃあ、その子がハタチの大人になったらどうかね？」

「そりゃーツイてる大人になるでしょう！」

「そうがねー。ほかにこんなに面白い投資話があるかね！　わはははは」


え？　投資って自分のためにやるんじゃないの？？

人のため？？？　え？？？　えええ？？？？？


「なんで和平さんのお誕生日にプレゼントされるんですか？」

「ほれ、わしだって日本に生まれてきた子全員にプレゼントしたいね。でもなぁ、さすがに無理だよねぇ。


だからなぁ、あと三六四人わしのような人が現れて、自分の誕生日に産まれた子に金をプレゼントするって文化が育ったらどう？

日本でいつ生まれても金がもらえるとなったら、真の黄金の国ジパングになるがね。

わははははー。でもなぁ、もう八年もやってるけど、誰も名乗り出んくてのぉ」

うっ、これは僕も今すぐ名乗り出ろということか⁉

恐る恐る聞いてみた。

「あの、プレゼントするほうの条件って何かあるんですか？」

「六〇歳以上だね〜」

これを聞いた当時、六〇まで二六年以上あったので、少しホッとした。そんな自分を悟られないように「そーですかー！」と笑顔で返した。

しかし、和平さんは純金をあげようと思ったとき、怖くなかったのだろうか。

じつは最初は怖かったそうなのだ。

そのエピソードを話すために、次のお話を紹介する。

我《が》のない人にみんな吸い寄せられる

友人と一緒に和平さんのところに出向いたときのことだ。

西郷隆盛の話になり、「この間、九州へ行ってきたんですが、地元の人は西郷さんLOVEなんですよ。なんで今でもあんなに人気があるんですかね？」

花咲爺の
幸せを引き寄せる名語録

周りの人を幸せにして自分もワクワクすれば、
お金は自然と集まるがね。

「西郷さんの人気はねぇ～、孫悟空《そんごくう》が持っていたヒョウタンと同じがね」

「は？　どういうことですか？？」

「孫悟空の持ってるヒョウタンはなぁ、ぽんと蓋《ふた》を外すとなんでも吸い寄せたよねぇ。あれは中身が真空なんだわ。真空だと周りを吸い寄せるよね。西郷さんも真空なんだなぁ。つまりなぁ我《が》がないがね。自分のためじゃなくて、世のため人のために生きてた人なんだよね。だからみんなが『西郷さ～ん』と吸い寄せられるがね」

　おおお、たしかに！　すかさず聞いてみた。

「えっと、どうやったら我がなくなるんですかね？」

「自分の一番大切なものをあげるとええねぇ。

わしが最初に金《きん》をプレゼントしたところは、さすがにもったいないと思ったし、ちょっと怖かったね。でもあげてるうちに、へっちゃらになってきたがね。わはははは」

　あはは－、そうですか－。

　聞いといて言うのもなんだけど、参考になるような、ならないような……。

　ただ、和平さんも最初は怖かったというのは、少し安心した。

「晃ちゃんなぁ～、最近、**引き寄せの法則**ってはやっとるよなぁ。

でもなぁ、あれ、**自分のため自分のためって考えてると、我だらけの人が集まってきて、よーけめんどくさいねぇ。**

それよりも世のため人のためと思ってると、気持ちのいい人が集まってきて面白いねぇ。わはははははー」

「わはははは一、そーですよねー」

あたかも僕も世のため人のために動いている人であるかのように、一緒に爆笑したのであった。

和平さんと一緒にいると、頭で理解する前に、一緒に大声で笑っていつの間にか、その考え方がインストールされているのだ。

頭じゃなくて感覚として身についてくる。

だから、この本を読んでいて一緒に大声で笑いたくなったら、大声でわはははは一と笑ってほしい。周囲に人がいないかどうか確認してからだけど。

「お金は愛の光」（はっ??）

「結局和平さんにとって、お金とは何ですか?」

「愛の光だがねぇ」

は?

「あなたを好きです、愛していますというのが集まったのがお金だよねぇ。そして今はインターネットで自由自在にお金が動くよね。だから光と同じよ! 愛があちこち自由に動き回ってるねぇ。だから愛の光よ!」

スバラシイ!

なんだかよくわからないがスバラシイと思わせてしまうのが、和平節のすごいところなのだ。

で、何がよくわからないかっていうと、そもそも愛って何なのさ?

その愛があれば、さまざまな困難を乗り越え、こうして笑顔でいられるの？
どうやって戦後の焼け野原を乗り越えたのか？
和平さんが何で与える人になれたのか？
そもそも最初から与える人なのか？　だから豊かになれるのか？
僕は、すべての秘密は「愛」に隠されていると思った。
そこで、次の章は愛について触れてみる。

真空だと周りを吸い寄せるよね。
西郷さんも真空なんだなぁ。
つまりなぁ我がないがね。
自分のためじゃなくて、
世のため人のために生きてた人なんだよね。
だからみんなが「西郷さ～ん」と吸い寄せられるがね。

第2章

愛

和平さん、「お金は愛」ってどういう意味ですか?

「与えれば与えるほど返ってくる」は本当か

ためしにコンビニで一万円寄付してみた

和平さんもおっしゃっていたが、「与えたら返ってくる」とよく言われる。

聞いたことがある人も多いと思うけど、それをどこまで実感しているだろう？


僕にはこんな経験がある。

和平さんと出会うずっと前、父の会社で一生懸命ホームページをつくっている最中で、まだ自分の給料分さえ稼げなかった頃の話だ。

大成功している社長のお客様に、

「どうしたら、社長のようになれますか？」

という質問をした。すると、こう聞かれた。

「本田さん、今お財布にいくら入ってる？」

「三万円です！」

給料日の直後だったので、ちょっと元気よく言えた。

「じゃあ、そこからなくなったら痛いなぁという金額はいくら？」

「一万円ですかね」

「じゃ、ここから会社に帰るまでの間に一万円寄付してきて」

「え？　一万円ですか？」

「そう、一万円」

いきなり寄付と言われても、コンビニの募金箱くらいしか思いつかなかった。

どうせコンビニで一万円も募金するのなら、レジにかわいい女の子がいるところで寄付しようと何軒かコンビニを見て回った。

三軒目にかわいい子がいたので、僕は缶コーヒーを買って小銭を渡し、レジの前にある募金箱に折りたたんだ一万円をこれみよがしに入れようとした。

ちょうどそのとき電子レンジの音が鳴り、レジの女の子が後ろを向いてしまって、募金しているところが見せられなくなった。

そこで、お金を引っ込めようとすると、隣でレジを打っていた兄ちゃんが固い表情で、こちらの募金箱を見ている。今さら引っ込めるわけにもいかず、僕は一万円札を募金箱に入れて缶コーヒーの代金を支払い、万引き少年のようにその場を立ち去ったのだ。

くそ！　あの兄ちゃんに見せるつもりじゃなかったのに！

寄付をした直後、「あの大成功した社長の言うとおり寄付をしたんだ。きっといいことがいっぱいあるに違いない。大型の契約が決まったり、大金持ちの令嬢が見初《みそ》めてくれたり……」と考え始めた。

社長には一週間後会う約束になっていたのだが、その一週間、大してよいことは起きなかった。

僕は半分キレ気味にその社長に言った。

「一万円寄付してきましたよ。でも、いいことなんか全然起こらなかったっすよ！」

「え？　いいことが起きるなんて一言も言ってないよ（笑）。それより、どうやって寄付をしたの？」

正直に、かわいい子ちゃんの前で寄付をしようとしたエピソードを全部話した。

「あははは！　ちゃんと寄付をしたことは素晴らしい！　**でもね、寄付は誰かに認め**

てほしくてするもんじゃないんだ。寄付ってのは粋にやるもんだ。本田さんは匿名で寄付するといいよ」

「匿名で寄付したらどうなるんですか？」

「やり続ければわかるよ」

う〜、いけず〜。

少しは教えてくれればいいのに！

どうしても見返りを期待してしまう

僕は翌月の給料日のあと、震える手でATMを操作した。

NPO団体に一万円を送金し、送金者名には、むちゃくちゃ「ホンダコウイチ」と書きたいのに「ヤマダタロウ」と入力した。入金ボタンを押すときは、小学生の頃、いたずらで非常ボタンを押したとき以上に緊張したなー。

しかし不思議なことに、半年も続けると、意外と気にならない自分がいたのだ。

そして驚いたことに、自分の周りから争いがなくなってきたのだ。

そもそも争いの根っこは、「よこせ、よこせ」というものだ。しかし、**与えることが無意識にできるようになると、執着が減ってくるので、争いが起きなくなる。**

そして、寄付したお金の行く先を想像して楽しめるようになった。自分のお金が、どうやって見知らぬ人を喜ばせているんだろう、と。

あとになってよく理解できたのだが、このマインドが幸せに成功していくうえで非常に重要だったのだ。

なぜ重要なのか、和平さんのお話を通して、このあと解説していこう。

僕はその後、寄付のスケールを大きくしていったのだが、やはり和平さんのスケールは別格だ。

和平さんは超雲の上の人なのだ。

だけど、一緒にいるとシビレる。

ものすごく図々しいけど、どーやったらそうなれるのか？　めちゃくちゃ知りたいと思う。

和平さんの話を聞くと、ちょっと悔しくなった。

ちょっと悔しいという気持ちが湧くなんて僕もすごいかも、と思った。

というのは、悔しいと思うのは、自分も同じようになりたいという動機があるからだ。**嫉妬心を抱くのは、「そこに進め」と心のコンパスが教えているからだ。**

和平さんだって、最初に純金をプレゼントしたとき、もったいないと思ったんだ。雲の上でも、何かしらの階段があるはずだ……。

与えられる生き方をしたら、今の自分よりもっともっと違うものになるに違いない。よしなってみよう！

と、ここまで書いておいて恥ずかしながら告白しよう。

寄付をしながら、何かしら見返りを期待する小さい自分も存在している。

「与えたら、いつ返ってくるんだろう？

本当に、本当に返ってくるのだろうか？

返ってこなかったらどうしよう？」

この質問を和平さんに投げかけたいと思いつつも、そういうことはダサいと思ってなかなかできなかった。ところがあとで、和平さんの生き方を見ながら寄付の極意を理解することになった。

なくなると思っているから与えられない

「与える生き方」はなかなかできない。びびってしまう。

どうしたら与えられるのだろうか？

与えられる理由を考えてもイマイチわからない。
じゃあ反対に、与えることのできない理由は？
それはカンタンにわかる。

なくなると思っているからだ。

僕は放浪時代、時給七二〇円と九五〇円のバイトを掛けもちして、貯金した金を切り崩しながら世界を旅したから、お金がどんどん減っていって焦る気持ちはよくわかる。
スーパーに行って、インスタントラーメンの棚の前で、二〇円のにするか三〇円のにするか悩んだことが多々あった。

放浪を終えて帰国すると、バブル崩壊の影響を受け、父の会社が都心の一等地から離れた場所に移転していた。売上げも減っていき、先行きが見えず、僕は何とも言えない疲弊感に見舞われ、お金が減っていく恐怖が染みついていった。こんな気持ちのままでは与えるのは無理だ。

よくあるたとえ話で、**自分のコップの水が満たされ溢れていると、周りに与えることができる。しかし、自分の水が枯渇していると与えることができない。**

自分のコップが満たされているとは思えない頃に一万円を寄付したのは、チャレンジングな出来事だったが、それが僕の限界だった。

あのとき三万円を寄付しなさいと言われたら、たぶんしなかっただろう。

だけど、和平さんはもっとチャレンジングなエピソードをもっている。

自分のコップを満たす達人になる

和平さん、それキレイごとすぎませんか?

戦後間もない頃、和平さんは産みたてのフレッシュな卵を、たまごボーロの原材料に使っていた。ふつうは無精卵を使うのに。

卵を温めて孵化《ふか》させようとすると、ヒヨコにならない卵がある。これが無精卵だ。一定期間温めたあとなので、生で食べたり卵料理にしたりすれば、産みたての卵との味の違いに気づいてしまうが、焼き菓子に混ぜるぶんには違いはわからない。

無精卵は仕入れが半値くらいですむので、多くの製菓会社ではこれを使っていたそうだ。しかし和平さんは使わなかった。あくまでも、産みたてのフレッシュな卵にこだわった。

消費者のために、なんでそこまでできるのだ?

味のわからないものまで、なんで与えられちゃうんだ？

今のように豊かな時代だったらできるかもしれない。

しかし、戦後の貧しいさなか、一銭でも多くのお金がほしいのに、なんでそんなことができたんだ？

ちょっとキレイごとすぎるなぁと思って質問した。

「和平さん、今の豊かな時代だったらわかるんですけど、戦後の貧しいときですよね？　一銭でも多くのお金が必要なはずなのに、どうしてそんなことができたんですか？　ちょっとキレイごとすぎる感じがしちゃうんです」

「わしはなぁ、天が見とると教わったよね。別に天を信じなくてもええんだわ。自分は見とるよね。自分で自分を欺《あざむ》くことはできんよね。嫌なものを混ぜて売ったらどう？　自分が気持ち悪いがね。

わしはなぁ〜、**お天道様の下を愉快に笑いながら堂々と歩きたかっただけがね。**わははは〜」

シビれた。いつでもブレることなく自分の信念を貫き通す男。王道とはこのことだ。

こんな生き方をしたい。心底そう思ったが、それでもやはり不安はぬぐえない。自分が同じ立場だとして、和平さんと同じようにできるのだろうか？

できる！　と言いたいが、う～、そう言うと自分を欺くなぁ。

だって当時、お父さんの代から続く竹田製菓は、高利貸しからめちゃめちゃ金利の高いお金を借りて回していたのだ。

金利を聞くと、グレー金利どころじゃない。完全なブラック金利だ。

できねーよなぁと思ってしまったのが本音だ。

これってとてもじゃないけど、自分のコップが満たされていない状態だよね？

それなのになんで与える生き方ができるんだ？

和平さんが与えることができる理由の謎は増すばかりだ。

だって、聞けば聞くほど自分には無理だぁぁぁって思うよね。

しかし和平さんと一緒にいると、だんだんその謎が解明されていくのだ。

花咲爺の
幸せを引き寄せる名語録

わしはなぁ、天が見とると教わったよね。
別に天を信じなくてもええんだわ。
自分は見とるよね。
自分で自分を欺くことはできんよね。
嫌なものを混ぜて売ったらどう？
自分が気持ち悪いがね。
わしはなぁ〜、お天道様の下を愉快に笑いながら
堂々と歩きたかっただけがね。

一〇〇人の偉人を彫刻した純金メダル

和平さんのぶっ飛んだ話を二つ紹介しよう。

あ〜、これを話すと余計「自分には無理だぁぁぁ」って思うかもしれない。

僕も思った。でも、無理だぁぁぁと思ってても読み進めてほしい。

その先に重要なヒントが隠されてるから。


和平さんは、日本を創った歴史上の人物を一〇〇人選び、和平さんお気に入りの彫刻家に、その一〇〇人の顔のレリーフを彫ってもらった。直径三〇センチくらいの円盤に、日本を創った歴史上の一〇〇人の偉人たちの顔を一枚ずつ彫らせたのだ。

彫刻家は、山にこもって集中してやらなければ彫れないと言って、八年こもって完成させたそうだ。

そうしてでき上がった作品を、今度は和平さんは同じサイズで純金にしたのだ。

博物館をつくって、それをどわわわわ〜っと並べた。

今は防犯上の理由で、純金のものは飾っていないが、代わりに石膏《せっこう》の原作品が飾ってある。それでも、ものすごい迫力だ。

　で、これを読んでいる方の誰もがもつであろう疑問を、僕ももった。


なんで、こんなことしちゃうの？？？


「和平さん、大変素晴らしいと思うのですが、なんでこのようなことを思いついたのですか？」

「ほれ、晃ちゃんだって、子孫が晃ちゃんの顔を彫刻して純金にしてくれたら嬉しいと思わんかね？」

「へ？　は？　そ、そうですね」

（想像すらしたことがなかったので、理解するまで少し時間がかかった）

「嬉しいと思うことをやったらええがね。わははは～」

「わははは～」って……ここで一緒に笑っても、それ僕がほしい答えじゃない！

　和平さんと一緒に笑ってしまうと、どうも納得してしまう。危ないところだった。もっと突っ込んだ答えがほしかったので、すかさず聞いてみた。

「和平さん、嬉しい気持ちになるのですが、その、なんでまた歴史上の人物一〇〇名を選んで彫刻されたんですか？」

すると満面の笑みから、穏やかな笑顔に切り替わり、

「この方々のおかげで、今の自分は豊かに生きられるよねぇ。日本のために命を賭《か》けて生きた人たちよ！　日本をよくしたい。子孫に幸せになってほしい。そうして生き抜いた人たちだがね。この方々がおらんかったら、みんなこうして豊かに生きておらんかったよねぇ。こんなにありがたいことはないがね。だからわしは、感謝をお伝え申し上げているんだがねぇ」

それを聞いて衝撃を受けた。

歴史上の人物に感謝なんてしたことがなかったからだ。

というより、歴史の授業のときに、年号とか名前覚えるの、ちょーめんどくせーくらいにしか思わなかった。

試験前には教科書を読みながら、歴史上の人物に対して言った。お前ら喧嘩すんなよー。戦争だの政権が変わるたびに覚えることが増えちまうじゃねーか。

恥ずかしながら、僕はその程度にしか思ってなかった。

でも、**和平さんのおっしゃる通り、よくよく考えたら、今の豊かさがあるのは、歴史**

上の人物のおかげなんだよね。

それに全然気づいていなかったな。

でも、和平さん、なんで純金にまでして崇《あが》めちゃうの？

チンプンカンプンだぜ！　と思った。

あとでわかって、がふーっとシビレることになったのだが。

ぶっ飛びすぎたエピソードのあとに、手が届きそうなもう一つのエピソード。

和平さんとランチを食べに行ったときのことだ。

七〇〇円のうどんで三万円のサービスを受ける

うどん屋さんで七〇〇円の定食をご馳走になったのだが、注文するときに、和平さんはオニギリを頼んだ。

「えっとねぇ〜、わしはこのオニギリをお願いします」

「あ、それ売り切れです。白いご飯ならありますが」

「そりゃ、おめでとう！」

え？？　なんで「おめでとう」なの？？　というか、白いご飯あるなら、おにぎり握れよ！

僕は店員の対応に軽くイラッとしたのだが、和平さんは、

「売り切れってことは満員御礼でめでたいことがねぇ。めでたいから、おめでとうよねぇ」

「・・・・・・・」

同じ現象を前にして、イラッとした僕と、相手の幸せに寄り添って一緒に喜ぶ和平さん。どっちが幸せだ？　どっちが豊かなんだ？　考えるまでもないよなぁ。

僕が頭をぐるぐるさせながら食事を終えると、やってきた店員に、

「おいしかったよ、ありがとうね!!」

席を離れて厨房《ちゆうぼう》に向かって、

「いや～おいしかったよ！　ありがとうね！　ありがとう!!」

満面に笑みを浮かべて、ありがとうを言うのだ。

すると、店員から厨房の人から全員が店の前まで出て和平さんを見送る。七〇〇円のランチを食べて、三万円の店のサービスを受けるようなものだ。

「和平さん、ご馳走様です。ありがとうをたくさん言う和平さんは七〇〇円のお店で食べても三万円のお店のようなおもてなしを受けてしまうんですね。一緒に三万円ご馳走になった気分でした。ありがとうございます」

「わはは。そうかね。**ありがとうと言うのはタダなのに、みんなを幸せにしてしまうでよ。すごい言葉よねぇ**」

で、なんでこの二つのエピソードを紹介したくなったのか。

ここに**和平さんの豊かさの秘訣**が隠されていると思ったからだ。

ここに、**自分のコップの水を満たす極意**がある。

和平さんは豊かさに気づいているのに、僕はまったく気づいていなかった。

そこらじゅうに豊かなものが溢れているのに、僕はそれに全然気づかずに素通りしていた。

歴史上の人物がしてくれたことを、なんてありがたいんだと、めちゃくちゃ味わい尽くす。ありがたいから、もう純金にまでしたくなっちゃう。

僕にもそういう感覚が少しだけわかってきた。

うどん屋さんだってそう。満員御礼でめでたい。ああ、めでたいなぁ～と味わいつくしてみる。その気持ちで食べたら、めちゃくちゃオイシイ！　だから、つい厨房にまで出向いてお礼を言っちゃう！（この感覚はすごくよくわかった。それで、イタリアに行ったときに、言葉がわからないまま厨房で「うまい」「ありがとう！」を連呼したら、みんなむちゃくちゃ喜んでくれ、料理をいくつか無料でふるまってくれた）

和平さんは、とにかく豊かさをキャッチし、味わってしまう。

「豊かさを味わう達人」になると、人の幸せが自分の幸せとしてキャッチできてしまうのだ。

和平さんは、どんな状況でも、自分のコップを満たす達人なんだ。

ありとあらゆる場で、コップを満たしてしまう達人なんだ。そして、周りの人のコップまでも、その言動で満たしてしまうのだ。

そっか！　自分を満たす達人になれば、与えられる人になれるかも!?

そうだ！　だから与えられるんだ!!　とわかった瞬間だった。

花咲爺の
幸せを引き寄せる名語録

ありがとうと言うのはタダなのに、
みんなを幸せにしてしまうでよ。
すごい言葉よねぇ。

これが究極のセルフイメージ！

「みんなわしのことを好きになってしまうがね」

和平さんのマンションで、糖質五〇％オフのビールを片手に和平さんがこう話しかけてきた。

「明日なぁ、困ったことが起きてなぁ」

「え？　どうされたんですか？」

「講演会でゲストとして少し話してほしいと言われたがね」

「え？　いい話じゃないですか。みんな和平さんのお話喜んで聞かれると思いますよ」

「だから困っとるがね。わしが出たら、みんなわしを好きになってしまって、主催者に申し訳ないがね」

・・・・・・・ドーン・・・・・・・

これ以上のセルフイメージがあるだろうか？

僕は前に本を出させてもらったが、そのタイトルは『自分を好きになれば、人生はうまくいく』だ。自分嫌いの人が、どうやったら自分を好きになれるのか。自分好きになると、人生はうまくいくようになるという内容で一冊の本にしたのだ。

自分に好かれている自分。それこそが究極のセルフイメージだと思っていた。和平さんのこの発言を聞くまでは。

みんなが自分を好きになってしまう⁉

・・・・和平さんったら・・・・

セルフイメージというのは、自分が抱く自分の人物像のことだ。

前章でお金に対してもっているイメージが、そのままお金の受け取り方・使い方・触れ方になると言ったけど、自分に対してもっているイメージがセルフイメージで、自分はセルフイメージどおりの人間になる。

今の自分は、自分がつくり上げたセルフイメージのとおりの人間になっている。成功している人は成功したセルフイメージをもっていて、モテる人はモテるセルフイメージをもっている。

幸せな人も不幸せな人も、それぞれのセルフイメージどおりの人になっている。

だから、セルフイメージを書き換えていくと、違うキャラの人間になれてしまう。たとえば、中学まではイケてないキャラの友人が、高校に行った瞬間にイメージチェンジに成功し、イケてるキャラになるというのを見聞きした人は多いだろう。

セルフイメージを書き換える方法の一つに、理想の人のキャラクターを演じたり、その人の考え方を真似てみるというのがある。言ってみれば、役者がその役にハマろうとするのと一緒だ。だから、「これは!」と思う生き方の人を見たら、早速その人のイメージを演じてみたり、なぜその人がその生き方に至ったのかを知るといい。

和平さんは、人の幸せを自分の幸せとして喜べている。

これだけ豊かさを受けとって味わい、これだけありがとうが言えて、相手に豊かさを差し出すことができたら……。

そりゃ出会う人みんなが好きになるってセルフイメージをもつよなぁと、衝撃を受けたひとことだった。

僕のセルフイメージコレクションに、「出会う人がみんな自分を好きになる」というのが追加された。

でも、相手が不良少年たちだったらどう？

好かれないよねぇ。

しかし、和平さんにはこんなエピソードもあるんだ。

不良少年を一瞬にして手なずける方法

和平さんが経営していた大きなボーリング場での出来事だ。

あるとき、ボーリング場の前に暴走族が二〇人くらいたむろしていた。そこを通りがかった和平さんは彼らに声をかけた。

「おい、お前ら！　金持ちになりたくないか？　わしは、このボーリング場のオーナーがね。わしの話を一時間聞け。そしたら一人一〇〇〇円あげよう。時給一〇〇〇円だ。

悪くなかろう」

そう言って、その暴走族たちを事務所の一室に呼び込んだ。

「おい、お前、名前は何て言うんだ？　おお、『光』か！　そりゃすごい。だから誰よりも早く走れるんだな!!」

こんな感じで次々と名前を聞き、その名前の意味を説いていったそうだ。

「和平さん、なんでそんなことしたんですか？」

「一時間しかなくて、二〇人もおったら、名前の意味を説くことくらいしかできんねぇ。**でなぁ、名前というのはなぁ、見事に親の愛のもとにつけられたものなんだよ。彼らは親の愛を忘れたから、ああしてグレてるだけだがね。自分の名前の意味を知ったら親の愛を感じられるよね。そしたら、たちまち変わるでよー。**わははははは」

「和平さん、相変わらずすげーいい話なんですけど、怖くなかったんですか？　相手は暴走族の集団でしょう」

「**あいつらは英雄よ！　生まれた時代を間違えただけがね。だって赤信号突っ込んでいくんだよ。戦国時代に生まれてたら英雄だがね。英雄には英雄のように接してやらんとなぁ。わはははは**」

……斬新《ざんしん》すぎる発想だ。あ、戦国時代だから新しいんじゃなくて古いのか？？　いろんな意味でわけわからんが、とにもかくにも愛にぶっ飛んだ話だ。

その後、この暴走族の集団は和平さんに会うと、笑顔でWサインを送るようになったそうだ（Wサインというのは、WAKUWAKUの頭文字。指を三本立てる。Vサインはビクトリーだが、勝利よりワクワクを大切にしている和平さんがよくやるポーズだ）。

誰にでも愛を注ぎ、誰もが愛をもっていることに気づき始めると、この「出会う人すべてが自分を好きになる」というセルフイメージができてくるようだ。

愛を受け取る「器」が人生の「器」

和平さんは、どんな場所でも、普通の人が気づかない愛に気づいてキャッチしてしまう。そしてその愛をとことん味わって幸せになっている。

そう、結局、人の幸せって、どこまで愛に気づいてどこまで味わえるかなんだ。

お金に対しても、愛として受け取って味わったら、そのお金が逃げ出すこともないだろう。

愛を受け取れる大きさが、その人の人生の大きさに比例するんだなぁ。

受け取る器が小さいと、そこからこぼれ落ちてしまうのだ。器が大きいと、こぼれないどころか、大きなアンテナのように愛をバリバリ受信しキャッチしてしまうのだ。

じゃぁ、どうしたら愛を受け取る器を大きくできるのか？

これも和平さんの答えはものすごくシンプルだ。

「ありがとうを一〇〇万遍言うとええがね」

初めて聞いたとき、正直、まじっすか？　シンプルだけど、超大変じゃないっすか⁉と思った。

「晃ちゃんねぇ、ココロっていう奴は、その名の通りコロコロ転がりよるよね。いい場所にも悪い場所にも行って定まらないんだわ。だからね、ありがとうをいっぱい言うの。するといい場所に心が定まるんだわ。

それにね、ありがとうを言われたほうも嬉しくて、その人の心もいい場所に定まるし、言ったほうも嬉しくて、こちらも心がいい場所に定まるねぇ。ありがとう（有難う）は、有ることが難いと書くよねぇ。だから奇跡がね」

僕は、名古屋へ行き来する新幹線の中で、小声でありがとうを何度も言ってみた。その光景はちょっと異様かもしれないけど、とにかく暇さえあればありがとうを言う習慣をつくってみた。

すると、些細《ささい》なことにも感謝できるし、有ることが難い、たくさんのものに気づき始める。ココロがいい位置にいると、毎日の生き方がすごく変わるのだ。

花咲爺の
幸せを引き寄せる名語録

ココロっていう奴は、
その名の通りコロコロ転がりよるよね。
いい場所にも悪い場所にも行って定まらないんだわ。
だからね、ありがとうをいっぱい言うの。
するといい場所に心が定まるんだわ。
それにね、ありがとうを言われたほうも嬉しくて、
その人の心もいい場所に定まるし、
言ったほうも嬉しくて、
こちらも心がいい場所に定まるねぇ。

第3章

豊かさ

自分のなかに秘められた豊かさに気づく

うまくいかないときは、動機を忘れているとき

「何のために」を思い出そう

ある日のこと、和平さんがニコニコしながら経済誌の記事を切り抜いていた。

「和平さん、ニコニコされてどうされたんですか?」

「明日来る社長がようけ株価を下げてねぇ。この記事には会社の業績をＶ字回復させた社長の話が載ってるよねぇ。明日来る社長にこれ見せたら元気になるかと思ってなぁ」

「え?　和平さん、その会社の大株主ですよね?　株価をかなり下げたということは、相当な損をされたってことですよね?　なんでニコニコできるんですか?」

「まぁ天が儲け過ぎだと言っとるだけがね。わしの仕事は社長を励ますのが仕事がね。だからなぁ、明日はようけ励ましてみようと思ってなぁ」

「そ、そーっすか」

「わしが励ましても元気のない顔しとったら株を手放すけど、元気な顔しとったら株をもっとるがね。まぁ見ててな。わははははー」

翌朝、元気がない顔をした社長さんがこられた。

なんでも責任を感じて新社長に交代するとのことで、新社長も連れてこられた。

すると和平さんは、新旧社長に向かってこんな話を始めた。

「ええかい、あんたの仕事は尊いねぇ。先物のおかげで農家は安心して生産できるよねぇ。先物がなかったら安心できんねぇ。わしらのような工場生産者も、先物がなかったら安心して計画生産できんがね。

金のようけ余ってる旦那《だんな》衆《しゅう》は種を蒔《ま》いたときに出資して、実がなったときに回収できるからようけ利ザヤが稼げるねぇ」

この会社は、先物を扱う会社らしい。正直、僕は先物に悪いイメージをもっていた。先物の営業マンに言われたとおりに投資して損を出した友人が何人かいたからだ。

しかし、先物本来の目的は何だろう？　和平さんの言っていることが、本来の目的なのである。それは人を幸せにする仕事なのだ。

和平さんは続けて言った。

「ええかい、あんたほど日本の役に立ってる社長はほかにおるかね？

あんたが輝けば日本は輝くがねぇぇぇぇー！」

『笑ゥせぇるすまん』の喪黒福造《もぐろふくぞう》が、ドーーンというようなしぐさと迫力で、和平さんは社長さんを指さしながら熱く語ったのだ。

社長たちはカミナリに打たれたような感じで、しびれあがっていた。

そして、新社長はすごくやる気になって帰っていったのだった。


僕も一緒にカミナリに打たれたような感覚になりつつも、このときの和平さんの思考回路をめちゃめちゃ知りたくなった。

だって、日本一の個人投資家が大株主として、上場企業の社長にアドバイスをするんだぜ。言ってみれば、**王様が王様にする究極のコーチング**みたいなもんだ。

そんな場面にはふつう立ち会えない。僕もよく社長さんたちの相談に乗ることが多いが、これは絶対に役立つはずだ。

何をもって励ましているのか？　むちゃくちゃ興味がわいたのだ。

「和平さんは、社長さんたちを励ますとき、何を大切にして励ましているのですか？」

「仕事というのは本来尊いものがね。世のため人のためになってるよね。赤字になるというのは、何のためにという動機を忘れてしまうからだよねぇ。その会社が何のために存在しているのか？　その動機を忘れてしまうから、赤字になるねぇ。だからわしは、**何のために存在しているのか、その動機を思い出させるのが仕事だがね。**何のためにを思い出したら、たちまち黒字だがね。わはははは」

シビレタ。

その通りだ。会社は、何のために存在しているか、その動機を忘れないこと。

それが一番大切なことなんだ。

「当たり前」の投資方法

僕がシビレていたら、

「さ～、晃ちゃん、お昼にでも行きますか！」

和平さんはいつもの笑顔で喫茶店に入り、トーストを一緒にほおばった。

普通の喫茶店に入り、普通のトーストを食べて、普通の人に紛《まぎ》れていて、ほかの人が見たら気のいいお爺ちゃんにしか見えないんだろうけど、目の前にいる和平さんは、たしかにシビレルようなことを言った普通じゃない人なんだ。

僕は、このあと一日中、和平さんの投資哲学について、頭をぐるぐるしながら考えることになったのだが、目の前にいる師匠を、やっぱり日本一だなぁとほれぼれしながら見ていた。

和平さんは呑気《のんき》においしそうに、トーストをほおばっていた。


その夜、僕は和平さんのマンションで、青汁を飲みながら、今日シビレタ出来事を夢中になって話したのだ。


「和平さん、和平さんの投資方法はつくづく当たり前だと感じました。本来株式というのは、金のある旦那衆が、志のある社長に投資して、お金と助言を渡すわけですよね。そして、社長はお礼の気持ちを込めて配当金を渡すんですよね。

これが本来の株式の成り立ちで、何て言うかめちゃめちゃ愛があって……。だから、和平さんの投資方法は当たり前だとやっと気がついたんです。

今まで投資というのは、安いときに買って高いときに売り抜けて、その後暴落したら、うわっ超ラッキー！　といわばババ抜きのように思ってたんですけど、今日の和平さんを見ていて気がついたんです」

僕は心底感心して、和平さんに言った。

僕の感嘆ぶりとは対照的に、相変わらずの笑顔で和平さんは言った。

「そうがね～。当たる前と書いて当たり前だがね。当たる前を外したら、当たらんねぇ。わははははは」

一緒に大笑いをした。

大笑いしながら、このとき飲んだ苦い青汁は、ワインよりおいしく感じた。

花咲爺の
幸せを引き寄せる名語録

仕事というのは本来尊いものがね。
世のため人のためになってるよね。
赤字になるのは、
何のためにという動機を忘れてしまうからだよねぇ。
会社が何のために存在しているのか?
その動機を忘れてしまうから、赤字になるねぇ。
「何のために」を思い出したら、たちまち黒字だがね。

相手が喜ぶことは自分の喜び

「徳のある会社に投資したらええねぇ」

和平さんが一度、個人投資家向けのフォーラムで講演されたことがある。

ある新聞社が東京で企画したそのフォーラムは、和平さんだけでなく、さまざまな人が講演をされた。そのなかでも和平さんが現れたとき、一気に会場内のボルテージが上がるのを感じた。

そりゃそーだよね。日本一の個人投資家から学びたいよね！

ぶっちゃけ、何買ったら儲かるのさ！　って知りたいじゃん。

それ、日本一できてる人から知りたいよね。

会場内の熱気がギラつき始める。そんなギラギラした熱気とは関係なく、相変わらずの笑顔で和平さんが登場した。

そして開口一番。

「昨夜ですねぇ、こちらに来たのですが、お台場のホテルに泊めさせていただき、ホテルから見える夜景がですね、じつに見事だなぁと。

これはですね、みなさんのおかげなんですよ！

聞けば、二〇年前までここはほとんど何もない場所だったそうですね。そんな何もない場所へリスクを負ってわれわれ投資家がお金を流したんです。

ここにお金を出そうなんて、すごい勇気ですよ。その勇気のおかげで、この美しい橋もビルもできたんです。ビルや橋はここだけじゃないですよね。日本中にあります。

これは全部あなた方投資家のおかげなんです。

だからみなさんはじつに尊い方々なんですねぇ」

和平さんが登場する直前まで会場内の雰囲気はギラギラしていたのだが、一瞬にして**キラキラ**に変わった。

和平さんはここでもやっぱり「何のために」を大切にしている。この「何のために」

を思い出させるだけで、ギラギラしていた人たちが一瞬にしてキラキラになってしまったのだ。

キラキラになったにもかかわらず、講演会ではこんな質問が出た。

「竹田和平さん、どういう会社に投資したら儲かりますか？」

こ、このスケベめ！　お前はいったい何を聞いていたんだ⁉

……と思いながらも、「で？」と耳をダンボにしながら和平さんの話を待った。耳ダンボだったのは、僕だけじゃないはずだ。

「徳のある会社に投資したらええねぇ」

「徳のある会社ですか？　どうしたら徳のある会社だとわかるんですか？」

「自分が徳を積まんくて、相手の徳は見抜けんねぇ」

う……。禅問答みたいだ。

僕が徳を語るのはおこがましいが、相手のためにどれだけできるのかが、徳のような気がする。

徳を積むって大変そうなイメージがあった。自分は我慢して相手に尽くして尽くしてと、苦しいメージがあった。

しかし、いつも満面に笑みを浮かべた和平さんは、苦しみながら徳を積んでいるように見えない。楽しみながら徳を積んでいるように見える。

「まろわ」の状態でいるとうまくいく

この講演会には、和平さんの投資先の社長さんたちも何人か来られていた。

その社長さんたちが楽屋に挨拶《あいさつ》に訪れると、和平さんは「よう来たねぇ〜。これハイどうぞ」と純金のバッジを渡した。

お茶くみに来た女の子にも、「あんたは、金《きん》が好きかね？　ホレどうぞ。嬉しいがね。ありがとうね。わはははは！」

関西のおばちゃんが「飴ちゃんあげるねー」という気軽な感覚で金をあげているのだ。

「わ、和平さん。投資先の社長さんたちに金をあげるのはわかりますが、どうしてお茶くみの女の子にもあげるのですか？」

「ほれ、あの子はすごい笑ったよね。あっちが笑えば、こっちも笑う。あっちの福が移

って、こっちの福にもなって、二倍になったね！　こんな嬉しいことはないがね。わはははは－」

相手が喜ぶと、自分も一緒に喜んでしまう、子どものような無邪気さで大笑いしているのだ。そういえば、和平さんは子どもの頃、工場でつくられたお菓子をポケットに入れて、友だちに配ったとき、みんなが喜ぶ顔が嬉しくてしかたがなかったと言っていた。

このときの自分には、まだまだ理解できなかったけど、今は少しずつ見え始めている。

和平さんが一貫して大切にしている「何のために」は「誰かのために」なのだ。

そして、それは苦ではなく、喜びなのだ。

この状態になると何をやってもうまくいくというのが、和平さんにはよくわかっているのだ。

分け隔てなく相手の喜びを自分の喜びのように感じる。

これこそが**真心**だ。**現在、和平さんは真心という言葉をもっと身近に広めたくて「まろ」と略して使われることが多い。**和平さんは、徳だけでなく、この「まろ」をどうやって周囲に伝えようかいつも考えている。

寄付をしたあとに見返りを期待していた僕だったが、和平さんの姿を見て少しずつ意識が変わり始めた。

与えた瞬間に、何十倍もの幸せを受け取っているのだ。相手も自分も「まろ」でつながっているのだ。これはすごい喜びだ。この状態を和平さんは**真心の輪＝「まろわ」**と略されて話す。このまろわの状態にいると、何でもうまくいくし、これ以上の喜びはないんだと。

山一證券の破綻で一五億円を失う

そんな和平さんも、最初から投資でうまくいったのではなかったらしい。

二〇代の頃に株式投資を始めたのだが、二～三回儲けて、その次の投資で儲けた分をすべて失うということを、何度か繰り返したそうだ。

はて、なんでかね？　と思いながら、「商売は、世のため、人のため、自分のため」でうまくいくから、投資の世界でも同じことをしてみようと思ったそうだ。

今までうまくいかなかったのは、全部自分のためにやっていたからだ。そこで、**世のため人のためという視点を入れたら、あっという間にうまくいったというのだ。**

それはきっと、自分の流したお金が、どこにいけばもっとも世のため人のためになるのかという視点なのだろう。

そして、山一證券が破綻《はたん》したときに、もう一歩考えを深めることになる。

当時、和平さんは山一證券の個人投資家として筆頭株主で、破綻によって一気に一五億円を失ったそうだ。

「えええ！　すごいショックを受けませんでしたか？」

「**まぁ、何か次のことを考えろという天からのメッセージだと思ったねぇ。**でなあ、どうやったらもっと人様のためになるのか、考えてみたよね。

わしはずっと中小企業の社長をやっとったでね。だからなぁ、中小企業のバランスシートを見ただけで、社長が今どんな気持ちか手に取るようにわかるねぇ。だから、そういう社長さんたちを励ます仕事をしたらどうかと思ったよね。

もうなぁ、自分のためというのを投資から抜いたらどうなるだろ？　純粋に世のため人のためという視点だけをもって社長さんたちを応援しようと思ったら、一気に一〇〇社の大株主になってなぁ」

ふえー、いい話だ。

いい話を聞いたときにいつも思う。自分はまだまだできていないと。

「あのぉ、和平さん。僕まだまだ自分のためがイッパイ占めてるんですよ。すみません」

「晃ちゃんはまだ、三〇代がね。わしが気づいたのは五〇代がね。だからまだ、それでええねぇ。わははははは」

このときはむちゃくちゃ救われた気がして、いつもより大きな声で一緒に笑ったのだった。

しかし断言できるのは、和平さんと時間を過ごしていくと、「自分のため」がだんだん軽くなっていくことだ。それは犠牲心が増えていくような辛い感覚とは無縁で、何とも言えない幸せな感覚が広がっていくのだ。

「相手のために」「相手が喜ぶことは自分の喜び」という感覚が少しずつ増えていくのだ。もちろんまだまだだけど。

この感覚こそが、ビジネスでも生き方でも経済的にも精神的にも豊かになっていく大きなカギなのだと思う。

花咲爺の
幸せを引き寄せる名語録

徳のある会社に投資したらええねぇ。
徳のある会社かどうか見抜くには、
徳を積むことだがね。
自分が徳を積まんくて、
相手の徳は見抜けんねぇ。

「与える人生」を生きている人

「そもそも」で自分を掘り下げてみよう

和平さんみたいに、「与えればよい！」というのは誰にでもできることじゃない。自分が与えられるものを与えればいいのだが、金《きん》に代わるような豊かさが、自分にあるのだろうか？　と思ってしまう。金に代わるような豊かさを、自分ももっていると気づくことができればいいのだが。

ここで、自分に秘められた豊かさに気づく、簡単な三つの方法を紹介しよう。

これは、僕が経験のなかで編み出したもので、多くのクライアントに紹介したところ、とても効果的だった。

①魔法の言葉「そもそも」で問いかける

②今までしてきたことを振り返る

③本当はどこに向かいたいのか知る

まず、魔法の言葉「そもそも」で自分を掘り下げていく。

「そもそも、どうして今の仕事をしているんですか？」

仕事をしていない人、もしくは仕事以外の活動の場合は「そもそも、どうして今それをしているんですか？」と、「そもそも」で何度も聞いていくのだ。

僕は、父の会社のホームページをつくってしばらく経った頃、ホームページをリニューアルした。そのリニューアルで売上げが二倍になった。それは、ホームページに父の「そもそも」を掲載したからだった。

父に「そもそも、どうしてゴルフの仕事を始めたの？」と聞いたら、「そりゃ儲かるからだ」と即答してきた。ここでさらに、そもそも掘りをして食い下がる。

「儲かる仕事はほかにもあったろうけど、なぜ、そもそもゴルフの仕事だったの？」

「ゴルフを始めた二四歳のとき、明日ゴルフだっていうと遠足の前の晩みたいに眠れなかったんだよ」

「へー、じゃあそもそもどうしてこの会社を始めたの？」

「そりゃ、ゴルフ好きが増えれば楽しいじゃないか。みんなゴルフの楽しさを知ったら嬉しいだろうし」

このエピソードをホームページに掲載したのだ（www.1《いち》net.co.jp）。

単純な話だが、同じゴルフ会員権を買うのなら、自分と同じようにゴルフの好きな人から買いたいと思うのが人情だ。

僕はいろんな企業の創業者に、この**そもそも掘りの質問**を投げかけたことが何度もある。すると、忘れていた創業時のアツい想いを思い出し、涙する創業者も多くいた。

そもそもを掘り下げていくと、みんな見事に根っこが美しい。ほとんどが愛のためなのだ。それこそ金に代わるような豊かさだ。

この豊かさは、誰にでもある。

創業者でなくとも、イヤイヤ仕事をしている会社員に、そもそも掘りをして聞くと、同じように愛のためにだったりする。

「そもそも嫌なのになぜ続けるんですか？」と聞くと、最終的には「家族のために」など、愛のためだったりすることが多いのだ。

この愛とか豊かさを、自分も含めてだが、つい忘れてしまう。そして方向性を見失ってしまうのだ。

見失ったら、「そもそも掘り」をしていくといい。

和平さんは経験値が豊富なので、そもそも掘りをしなくても、一瞬にして相手の存在意義、何のためにを言い当てることができる。

和平さんよりは少し時間がかかるが、誰でもそもそも掘りをしていくと、何のためにが見えてくる。そしてそれは、相手のためにでも自分のためにでもなく、見事に愛のためなのだ。

そして「愛のために」に立ち戻ったら、そこからどこに向かいたいのか、再び問いかけてみるのだ。

人間の行動の動機は「愛」か「恐れ」であるという話を聞いたことがある人も多いだろう。**愛が動機であれば、愛の結果を生むし、恐れが動機であれば、恐れの結果を生んでしまう。**

動機が愛であれば、苦もなく、誰かのためにできてしまうのだ。そんな愛の人を、ほかの誰かが放っておくわけがない。

一五〇人を集めて「与える」実験をしてみた

和平さんと出会う前の話だが、メルマガで「バーベキューをしようぜ！」と呼びかけたことがある。

東京湾を臨む新木場《しんきば》の公園に一五〇人くらいの人が集まったのだが、そのときに次のようなルールを設けた。

炭を持ってこられる人は炭を持ってくる。

肉を持ってこられる人は肉を持ってくる。

ビールを持ってこられる人はビールを持ってこい！

そして周囲にふるまってくれ。でも無理のない範囲で。

ヒッチハイクでやってくる、お金がまったくない人は、何も持ってこなくていい。ただし笑顔で食べよう。

そんなルールだった。

喜んで持ち寄れるものを持ち寄ることが、このバーベキューのルールだった。

人類が進化していくと、お金ってなくなるんじゃないかとふと思ったのだ。

お金を払ってサービスを受けるのではなくて、喜んで提供して喜んで受け取る。人類が進化していったら、そんな世界があるかもと、ふと思った。そこで、少人数で実験をしてみようと思いついたのだ。

すると不思議なことに、このバーベキューでは、肉だの炭だのビールだの、ピッタリの数が行き渡ったのだ。

居酒屋チェーン店で働く人たちが、その店で出している看板メニューをつくって提供したり、マジシャンやミュージシャンまでも現れて手品や音楽を提供したりしたのだ。

そして彼らが一番多く、手焼きのクッキーやケーキを受け取っていた。

世界の規模から見たら一五〇人は少人数だけど、それでもめちゃくちゃ楽しい時間を過ごすことができた。

与えることも喜びだし、受け取ることも喜びだった。

もちろん、今すぐ現実社会で同じことをしても難しいかもしれないけど、僕は、見ず知らずの人同士で実現したバーベキューに、人間の大きな可能性と楽しさを発見した。

なんで、こんなバーベキューをしたくなったのか？

与える世界で生きていけたらどんなに素晴らしいかと思いつつも、まだまだできていない自分がいた。自分ができないときは、他人の力を使えばよい。与えてもらえばいいのだ。そして、一五〇人の協力によって、できていない自分でも体験できたのだ。

このまま、「与える人生」で生きていけたらどんなに素晴らしいだろう。

そう思えば思うほど、与える人生を生きている人に出会いたくなった。

やっぱり与えるだけというのは怖い。生きた確証を見て安心したかったのだ。

そんなことを思った一年後に、**与える世界のチャンピオン・和平さん**に出会えたのだから、人生ってつくづく面白いものだと思う。

やっぱり、「こういう人に出会ってみたい」と意図することは大切だ。

そして動くことも大切だ。

師匠に会えるのはいつも「こういう人に会いたい」と心底思って、動いたあとなのだ。

どういう人から何を学びたいのかわからないと、たとえその人が現れても気づかず素通りしてしまう。そして行動をしていないと、何を聞いてよいのかさえわからないので答えが得られない。

僕は和平さんに出会い、「自分のため」を抜く大切さを知り、少し安心感を覚えてきたのだ。

ここで付け加えておくと、僕は「自分のため」を抜く大切さを知っていても、まだまだできていない。「自分のため」を抜いて、与える人を目指している最中だ。

そんな僕に、和平さんは「まだまだええがね〜」と笑って言ってくれる。

目下の心配は、和平さんが気づいてできた五〇代になったときに、同じように語れる器に成長しているかどうかなのだが、やはりそこを目指したい。

第4章

成功

ぶっちゃけ、成功するにはどうしたらいいんですか?

「成功したければ動機が必要だがね」

動機がある人は成功するまで気がもつ

和平さんに、直球で「成功の秘訣」を聞いたことがある。

「和平さん、成功するにはどうしたらよいですかね？」

「成功したければ動機が必要だがね。動機があるやつは成功するまで気がもつけど、動機がおらん奴は成功するまで気がもたんねぇ」

「動機ってどうしたら手に入るんですか？」

「偉人たちの伝記を読んで、偉人たちの動機を読み解けばええがね」

よっしゃー！　すごい秘訣を聞いたぞ！

次に和平さんに会うまでの五日間に、伝記を五冊読んだ。

し、しかし……。

「あれ？　読んだけど、偉人たちの動機がわかんねーぞ！」

和平さんに再び聞いた。

「和平さん、偉人たちの動機って何ですかね？」

「偉人たちの最初の動機は、まず家を守ろうだったよね。お父さんお母さんを楽させたい。女房子どもを安心させて食わせたい。まず家を守ることだったよね。家を繁栄させたら、今度は地域社会だよね。自分の地域社会をどう豊かにしていくか。そして、地域社会を豊かにしたら、今度は国だったよね。**そうして、偉人たちは動機を大きくしていったがね**」

全然わかっていなかったが、とっさに出てきた言葉は「ですよねー」だった。

しかし、このヒントはすごく役に立ったのだ。

花咲爺の
幸せを引き寄せる名語録

偉人たちの最初の動機は、まず家を守ろうだったよね。
お父さんお母さんを楽させたい。
女房子どもを安心させて食わせたい。
まず家を守ることだったよね。
家を繁栄させたら、今度は地域社会だよね。
どう自分の地域社会を豊かにしていくか?
そして地域社会を豊かにしたら、今度は国だったよね。
こうして偉人たちは動機を大きくしていったがね。

手前味噌で恐縮だけど、自分がうまくいったときのことを思い返した。

和平さんを前にして、僕はうまくいったんだぜと言うのはおこがましいけれど、二〇代後半に二年で会社を年商一〇億円までもっていけたことは、一つの成功事例として語っていいのかもしれない。

僕が二〇代前半、何をやってもうまくいかなかったのは、すべて「自分のため」だったからだろう。

二〇代後半になると、自分でも驚くくらいうまくいった。

もちろんさまざまな要因はあるのだが、そもそもの動機は「父の会社を元気にしたい」というものだった。

理解がないのは愛がないから？

僕は二〇代の前半、世界放浪の旅に出た時期は、あまり両親との関係がよいとは言えなかった。自分の進路を理解してもらえず、衝突することがしばしばあった。

よくある話と言ってしまえばそれまでなのだが、多感な一〇代にはそれは大きな問題だ。その一〇代を引きずったまま二〇代になり、放浪の旅に出てしまったのだ。

オーストラリアの砂漠地帯を抜けたとき、ふと日本語が聞きたくなり、日本語放送が入る短波ラジオがほしくなった。

オーストラリアで日本の電器製品を買うととても高かったので、日本にいる両親に短波ラジオを送ってほしいと手紙を書いた。当時はインターネットが普及する前で、日本の両親や友人とは手紙でやりとりした。

自転車に搭載するため重いと負担になるので、超小型の短波ラジオのメーカーと型番を記載し、このラジオを送ってくれと頼んだ。

二週間後、日本からラジオが届き、箱を開けて驚いた。

そのラジオはとても自転車に積めるようなサイズじゃなかった。アメリカのビーチで大男が担いでいそうなラジカセサイズだった。

「店員さんが、このラジオのほうが高性能だからって」という母からのメッセージが入っていた。

「え〜、ふざけんなよ〜」

口をとんがらせてブツブツ言うと、同じ宿にいた友人が話しかけてきた。

「どうしたの？　救援物資？」

僕らは、旅先で手に入らない食材や電器製品が日本から送られてくると、それを救援物資と呼んでいた。

日本の味が恋しくなったときにお茶漬けの素があると、心底「助かった〜」という気持ちになったので、救援物資という言葉がピッタリだったのだ。

「救援物資なんだけどさー、おふくろが送ってきてさぁ〜」と話を続けようとすると、その友人は、「いいよな、おふくろさんがいて。俺は小さいときからいないからさ」とつぶやいた。

これを聞いて初めてホームシックになった。

それまで、「親は、俺のことをちっとも理解してくんないな」と思っていたのだ。もっと正確に言うと、「理解してくれない＝愛してくれていない」がセットになっていた。**しかし、このとき初めて、単純に意思疎通ができていないだけで、愛してくれているのだと気づいた。**

一度気づくと、今までこれもしてくれなかった、あれもしてくれなかったと思っていたのが、あれもしてくれたなぁ、これもしてくれたなぁと意識が変わった。

「日本に帰ったら、親孝行すっかなぁ〜」

そんなふうに思い始めたのだ。

動機を大きくしていく

帰国すると、父の会社は都心の一等地から移転していた。前にも書いたが、バブル崩壊の影響を受けて経営が苦しくなっていたんだ。

どうにか力になりたいと思ったのだが、何をしていいのか皆目見当がつかない。ただ、不思議と親のために動きたいと思うと力がみなぎってきた。

二〇代前半まで、父とは衝突することが多かったのだが、その父に対して何かできることはないだろうかと意識が変わっていった。すると不思議なことが起きた。

目上の人から可愛がってもらえるようになったのだ。

これはあとで心理学をかじってわかったことだが、父親に対するイメージは、そのまま目上の人に対するイメージと重なることが多いというのだ。

父と衝突していた頃は、目上の人や権力をもつ人に敵対的な意識を抱いていた。警察官や既得権益をもつ人や目上の人を見ると、打ち負かしてやろうという衝動に駆られた。それは、父に対するイメージがそのまま投影されていたのだ。

父親に対するイメージがよくなると、目上の人にもよいイメージを抱くようになった。**成功者と呼ばれる人は目上の人が多かったので、よいイメージをもつことで、どんどん師匠が増えていった。**

とにかく僕の場合は、家を守ろうという意識が強かった。それは、偉人たちの動機のように揺るぎないものだったのだ。

ところが、会社の業績がよくなると、次に何をしていいのかわからなくなった。頑張る動機がなくなり、ぽんと宙に放り出されたような感覚になったのだ。

するとタイミングよく、いろんな人が相談に訪れるようになった。

有名なセミナー講師の先生方に誘われ、インターネットをどう活用したら会社にお客さんを呼べるのか、ときどき講師として話していた。

そうこうしているうちに、メールマガジンやブログを書き始め、自分がうまくいったことを周囲の人に伝えたい気持ちに切り替わった。単純にノウハウだけでなく、どのようなマインドでいればうまくいくのか、そんなことも伝え始めたのだ。

これこそが、地域社会をよくしていこうというのと同じではないだろうか。

こんなふうに動機を大きくしていくと、生きがいを見失うことはなくなるんだと思う。


自分を偉人たちと同じように思うのは身の程知らずだが、偉人たちの生き方を参考にさせてもらうのは、とても賢い選択といえるだろう。

「百尊家宝《ひゃくそんかほう》」をいただいてしまった！

そっか！　僕は人生の地図を求めていたけど、和平さんも同じように人生の地図を求め、先人の偉人たち一〇〇人から学び取っていたんだ！

和平さんは、純金でレリーフをつくって感謝したくなるくらい、偉人たちから学び取っていたのだ。和平さんから初めていただいた手紙では、この純金のレリーフのことが熱く語られていた。

この純金のレリーフの名は**「百尊家宝」**。一〇〇人の偉人たちの尊さを家宝としてつくり上げたのだ。一〇〇枚の金貨に、一〇〇人の偉人たちの顔が描かれている。

和平さんが依頼した彫刻家は、八年間山にこもってつくり上げた。それだけ大きな感謝と愛情を感じられたのだろう。

信じられないような話だが、ある日和平さんが、この百尊家宝を僕にくださったのだ。

そしてこうつけ加えた。

「晃ちゃんも、この家宝を持って家をもったらええがね。家祖になりおるねぇ」

一〇〇枚の金貨以外に、黄金のプレートがあり、そこには「家祖　本田晃一」と彫刻されていたのだ。

一キロを超える純金を受け取ると、さすがに手が震えてしまった。そうか、成功するためには家が必要なのかと震えながら考えた。

だったら家をもとう。結婚しよう。三〇代半ばまで独身で通していたのだが、和平さんのお話と、百尊家宝をいただいたことで、結婚を意識するようになった。

花咲爺の
幸せを引き寄せる名語録

成功したければ動機が必要だがね。
動機があるやつは
成功するまで気がもつけど、
動機がおらん奴は
成功するまで気がもたんねぇ。

和平さんのおかげで結婚できた！

究極の婚活マニュアル

僕は、結婚を意識し始め、理想の結婚相手を考えるようになった。

和平さんのマンションで三連泊くらいすると、「晃ちゃん、今日はわし、家のほうに帰るでよ。家内が寂しがっとるで」と笑いながら話されるのを見て、ああいいなぁ、奥さんが寂しがるから帰るって、いいなぁ、僕も言ってみたいなぁと思うようになった。

和平さんの言動に、いちいちいいなぁと憧れる。憧れるとすぐに行動したくなる。だから結婚しようと思ったのだ。

どうせ結婚するなら幸せな結婚がいい。他力本願で単純な僕は、いい相手と結婚したら幸せになれると思った。

じゃあ、いい相手ってどんな人だ？

幸せマニアの僕は早速リサーチを始めた。

これまで出会った幸せな成功者で、奥さんの悪口を言う人はいなかった。とにかく外国人みたいに、奥さんを褒めまくる。

和平さんも奥さんの素晴らしい部分をいくつも語った。実際に奥さんにお会いして、なるほどこういう人と一緒になると幸せになれるんだなぁと思った。というか、失礼な言い方になるかもしれないけど、この方が究極のあげまんでいらっしゃるのだなと思った。それから、ほかの人もリサーチした。

結婚してから、明らかに人生がよくなった友人たちの顔を思い浮かべてみた。一〇人の友人の顔を思い浮かべ、彼らの家に遊びに行った。そして友人の奥さんを見て、その奥さんの素晴らしいところを箇条書きにしてみた。

そして一〇人分の箇条書きを見直して、なるほど、僕はこういう人と結婚したら幸せになれるのだなと思った。幸せマニアとしては、先に幸せな結婚生活を送っている人たちから学べばいい。僕はこうやって、幸せな奥さんの条件を調べ上げた。

だけど、話はそんな単純じゃない。

その箇条書きを見れば見るほど、「無理じゃん」って思えてきた。どんなにセルフイメージを上げたところで、こんな素晴らしい人、僕のこと惚《ほ》れるわけはないと思えてきたのだ。そこで、青春時代に「ホットドッグ・プレス」や「ポパイ」を熟読し、マニュアル世代として過ごしたことを思い出した。

そうだ、究極のマニュアルをつくってしまえばいいんだ。

再度、幸せな結婚をしている友人宅を訪ね、奥さんにこう質問してみた。

「旦那さんのどこが好きなの？」

その好きなポイントを今度は紙に書き記した。これこそが、幸せマニアがつくった究極のマニュアルだ。これを実行していけばいいのだ。

そこには、簡単そうで意外とできていないことがいくつもあった。

たとえば、「私が話しかけると、パソコンを触っていたり新聞を読んでいたりしても手を止めてこっちを向いてくれる」というものだ。

好きなポイントを全部実行することは不可能だが、一つずつ実行したら、理想の奥さんが現れても、びびらずに堂々としていられるだろう。

じつはこの方法は、現在婚活をしている人におすすめしている。

女性の場合は反対をやればいい。つまり、よい夫婦の旦那さんを見て、そのよい部分を書き出し、その旦那さんが奥さんのどこが好きなのか聞き出し、少しずつやっていけばいいのだ。

また、幸せな夫婦と仲良くなっていると、パートナーと喧嘩したとき、よい仲裁をしてくれる。相手に対してどんな解釈と理解をもてばより深い愛情で繋《つな》がれるのか、教えてもらえる。

人間は何かを選択するとき、最も経験値が多いものから選ぼうとする。

結婚をしたいのに、結婚をしないのは、結婚しないほうが幸せだと思う経験をしているからだ。それは自分の両親を見て思ったことかもしれないし、たまたま見たドラマの影響かもしれないし、何が原因か定かでないが、とにかく自分が経験したことをベースに選択をする。

幸せな結婚をしている人たちと多く時間を過ごすと、「幸せな結婚」の経験値が増える。

結婚でも仕事でも、幸せになりたいと思ったら、幸せな諸先輩たちと多くの時間を過ごすことをおすすめする。

新婚旅行で世界を一周してきた

僕はどんな女性と一緒になったら幸せになれるのか？

どんな男になったら、その女性と一緒になれるのか？

このリストを手にし、僕の婚活がスタートした。


ある日のこと、和平さんを慕う人たちと一緒に新木場の公園でバーベキューをしていた。前に僕が一五〇人バーベキューを行った公園だ。

そこに友人がある女性を連れてきた。

その女性と話していると、なんと、幸せな奥さんリストと一致することに気がついた。僕は、彼女こそが理想の結婚相手なのだと思い始めた。究極のマニュアルを手にした僕は、びびらずアプローチを開始した。

ある日、その女性が友人と一緒に我が家に遊びに来た。

そして、リビングに飾ってあった百尊家宝を見るなり、「晃ちゃん、これはすごいねえ。家宝ねぇ」と言った。

箱に家宝とは書いてあるが、旧字体なのでなかなか読めない。それなのに、家宝と言い当てたのだ。

それを聞いて、僕はこの女性と家をつくるに違いないと確信した。

現在、その女性と結婚をし、幸せな毎日を過ごしている。

僕が結婚できたのは、出会いから確信に至るまで、すべて和平さんのおかげなのだ。


新婚旅行は一〇〇日以上かけて五大陸を旅し、世界一周した。僕たちは、幸せな家庭をつくるために、世界中の幸せな家庭を見に行こうと思い立ったのだ。

世界一周に百尊家宝を持参した。一〇〇枚の金貨を持ちながら世界中を旅すると、毎回入国審査で尋常じゃない質問と取り調べを受けた。

イギリス出国のときは、ほんとしょーもない審査官にあれやこれや聞かれた。

「この金貨は本物か？　げ？　本物かよ。なんで持ち歩いてるんだ！」

「師匠からこの金貨を授かったので、世界一周しながら名所で一緒に写真を撮って送って、喜ばせようと思っていて……」

僕が一生懸命英語で説明しているのに、審査官はまったく話を聞かない。

「俺の指輪も金だけど、これだけで七万円くらいした。お前、どんだけもってるんだ。

アー・ユー・ビリオネア？」

「いや、だからさ、俺の師匠がビリオネアで、その師匠を喜ばせようと……」
「おい、ボブ！　ジョン！　ちょっとこっち来いよ！　なんかすんげぇの運んでる奴がいるぞ！」

税関の職員が笑いながら集まってきた。あげくの果てには最後に「一枚だけ頂戴《ちょうだい》」とか言ってきた。僕はノーを連呼してなんとかその場を去った。

こんなやりとりを五大陸のあちこちで繰り返した。

世界中の名所で、百尊家宝を掲げて写真を撮り、リアルタイムで和平さんにメールした。素晴らしいものをいただいたら、めちゃくちゃ喜んでる姿を伝えるのがいい。相手も自分もめちゃめちゃハッピーになれる。

僕は、五大陸を巡りながら百尊家宝を眺め、この方々がつくった日本は本当に素晴らしい国だなと思った。日本は世界一豊かな国だった。財布を落とせば交番に届けられ、飲める水がトイレに流れていて、地下鉄で熟睡することができる。こんな安全な国は世界中どこに行ってもなかった。

安全こそが一番の豊かさだと世界一周して気づいた。

日本は世界でもっとも豊かな国だった

モナコにはヨーロッパ中のお金持ちが集まっていた。若い女性がダイヤを身にまとい、高級車があちこち走り、路上駐車している。こんな光景が見られるのはモナコだけだった。

聞けば、二〇〇メートルおきにお巡りさんがいて、安全が確保されているということだった。逆に言うと、ほかの国は安全性に問題があるから、ヨーロッパ中のお金持ちがモナコに集まってくるのだ。モナコの広さは皇居二つ分らしい。

たとえば、シャンゼリゼ通りでブランド品を買うと、紙袋が目立つので、すぐにタクシーに乗ったほうがいいと言われる。ひったくりにあう危険性があるからだ。

シャンゼリゼ通りは、日本でいえば表参道みたいなところだろう。少し前、女子高生たちがブランド品の紙袋をぶら下げて表参道を歩くのが流行ったみたいだ。これは、ひったくりにあうことがないからだ。

南米に行くともっと大変だった。お金持ちと呼ばれる人は、高い塀に囲まれた家に住み、入口では銃を持った人が警備をしている。まるで刑務所のようだ。

世界のＶＩＰや富豪が最後に求めるもの。それは安全だ。小さいモナコに集結したり、刑務所のような家に住んだりするのがゴールなのだ。

日本は国中がモナコのようなものだ。世界の富豪たちがほしくてたまらない安全が全土にある。この豊かな国をつくり上げた一〇〇人の偉人たちを眺めながら、日本に想いを馳《は》せた。

帰国後、百尊家宝を持参したことで、日本の素晴らしさに気づいたと和平さんに報告した。

和平さんは、「この百尊家宝が世界中の美術館に展示されたら素晴らしいだろうにねぇ。コインより大きなサイズのもあるから、これを見たら世界中の人が日本というのは素晴らしい国だと思うだろうにねぇ」とおっしゃり、話が盛り上がった。もし、世界の美術館などとパイプをおもちの方がいらっしゃったら、僕に連絡をいただけるとありがたい。

結婚の話からだいぶ逸《そ》れてしまったが、結局はよい家庭がよい国家をつくるのだ。世界一周しながら、そんなことを和平さんから教えてもらったのだ。

天に愛される仕事がいい

適所にいれば輝いて気が出る

和平さんは奥さんと仲がいい。

「今朝、妻に『おとうさんは、新聞で株の面を見ているとき、本当に嬉しそうに見るわねぇ』と言われたでよ。そんなに嬉しそうな顔をしとったのかな。わはははは」

「いや〜、今の和平さんはめちゃめちゃ嬉しそうな顔されてますよ。だから嬉しそうな顔だったんじゃないですかね。わははは」

「そうがね。嬉しい顔をしとったかね？　じゃあわしは株をやっててもええのかな？」

「えええ？　和平さんが何を言ってるんですか。日本一と言われてるんだから！」

「それは人様が言ったことで、わしが言ったことではないでよ。

でも**嬉しい顔しとるなら、やってもええね。**わはははは」

ん？　嬉しい顔をしてるからやってもいい？？

ちょっと引っかかった。

あらためて考えてみた。和平さんの仕事観ってどういうものだろう？

って、僕が考えてもわかんないよね。目の前にいるんだから聞いてみよう！

「和平さんは、どういう仕事観で生きているんですか？」

「天に愛される仕事がええね。わははははは」

「天に愛される？　どういうことですか？？」

お金に愛される仕事のほうがいいんじゃないのかなあ。そういう会社に投資したほうが儲かるだろうし……。

投資じゃなくてもお金に愛される職種のほうが儲かるよなぁ……と、相変わらず俗っぽい僕がいた。

「適材適所と言ってなぁ、必ずその人に適した場所があるがね。今輝けんと思った人は、単に適所におらんだけよね。適所におったらもう嬉しくて嬉しくて輝いて気が出る

がね！気が出おったら成功するでよ！」

「でも、適所が見つからず苦しんでる人も多いですよね。どうしたらいいんでしょう？」

「天というのはなぁ、必ずその人が輝ける場所を用意してるでよ。あんまり苦しんどったら、そこは案外適所じゃないかもしれないよ。

天と言ってもあんまりわからんかもしれんが、親のまた親のまた親の親の親みたいな存在だがね。親は子をただただ見守って愛するよね。孫なんかもうかわいくって仕方がないがね。そんな親の親の親みたいな人が子孫に苦しめなんて思うと思う？　だから苦しい場所に居続ける必要はないいんだわ。

だけどなぁ、みんなしがらみに縛られとるでよ。しがらみというのは、死が絡むというでよ。だからしがらみに縛られるよりも、ああ天はわしを愛してくれるんだと気がついて、わしも天を愛してるのだ、うおぉぉぉ～という気持ちになったら、勇気一〇〇倍、しがらみはどっかへ行ってしまうでよ。わははははは」

花咲爺の
幸せを引き寄せる名語録

天に愛される仕事がええね。

ところで、天って何ですか？

また和平さんのぶっ飛んだ話をきいて、僕がどっかへ飛んで行ってしまいそうになった。一緒にうっかり笑ってしまうと理解しなくても納得してしまうのだ。

ここは食い下がって聞いてみた。

「和平さん和平さん、しがらみを吹っ飛ばすほどの愛を天が与えてくれるというのが、いまいちわからないのですが」

「晃ちゃんねぇ、天というのはすごいよ！　まず、空気を与えとるがね。太陽の光もありがたいねぇ。それと花なんてもっとすごいよ！　下に咲いとる花は上を向いてて、上に咲いとる花は下を向いてて、背丈くらいに咲いとる花はこっちを向いて咲いてるがね。

花ってのはな、人間に向かっていつも咲いとるでよ。こんな奇跡みたいなことはあるかね？　なんでこれをありがとうと思わんかね。これ以上のありがとうはほかにあるがなぁ。わはははは。こういうことは、戦前の日本だったら誰でもようけ教わって知っとったことだがね。**天は自分を愛してくれている。まずこれに気づくことだよね。これを否定して生きとったら何をしても苦しくて、ワクワクなんか見つからんでよ。**ワクワクする場所が適所だがね。愛されてると思ったら、ワクワクなんて簡単に見つかるんだわ。恋人ができると愛されてると思って何をやってもワクワクするんだでね。わははははは」

「わははははは。ところで天って何ですか？　ちょっとわかんないんっすが。わははははは」

笑ってごまかしながら聞いてみた。

「別にわからんくても、なんでもええんだわ。**空でも宇宙でも神様でも世界でもなんでもええんだわ。とにかく自分を幸せにしてくれる存在だがね。**晃ちゃん、窓の外を見てごらん。緑色の竹がそよいでて、じつにいい気分だと思わんかね？　この竹をつくれと言われてもつくれんよ。あれは誰がつくったんだろうね？　つくれんものがあるってのはすごいことだがね。ありがたいねぇ」

天ってなんでもいいのか？

福沢諭吉は天は人の上に人をつくらずと言ったが、そんな、天ってアバウトすぎる理解でいいのか⁉

しかし、和平さんと一緒に笑っていると、不思議と理屈ではなく楽しくなり、目に見えるものがありがたいものだと思えてくるのだ。

楽しいと思うもの、ワクワクするのが適所。

なんとなくだけど、感覚としてわかり始めてきた。

そういえば以前和平さんが、**「あんまり理屈で考えても答えは見つからんよ。楽しいと思うことが答えだったりするねぇ」**と言ったことがある。楽しい場所、ワクワクする場所が適材適所とは、このことなんだろうか？

楽しいと思うことをやればいい

あるとき、和平さんが所有する温泉施設で一緒に入浴していた。

和平さんと一緒に湯船につかっていると、お客さんの一人が和平さんに寄ってきた。

「竹田和平さんですよね。少し質問してもいいですか？」

「ええがね、ええがね」

「最近、特定の国からの資本が流れてきて、日本市場がめちゃくちゃになっていると思うんです」と言い始め、どれだけ株式市場がめちゃくちゃになってるのか、とても暗い顔で長く語り、最後に、「私はこのまま株をやってよいんでしょうか？」と聞いてきたのだ。

するとと和平さんが言った。

「あんたは、株をやらんほうがええ。否定の目で見とるでよ。もっと肯定の目で見たらどう？」

「はい、海外の資本が以前やってきたことで、私の会社もうまく回り始め……」と今度は笑顔で話し始めた。

「どうがね！　肯定の目で見たら楽しくなってきたかね？」

「はい、楽しくなってきました！」

「楽しいと思うことをやればええがね。わははははは」

和平さんと一緒にいると、心が豊かさで満たされていく。第２章にも書いたが、自分のコップをどこでも満たしてしまうのだ。

いつでもどこでもフル充電なのだ。

どこにでも自分を満たし充電できるものは存在している。ただ、和平さんのような充電ケーブルを持っていないだけなのだ。

和平さんと一緒にいると、この充電ケーブルがだんだんでき上がってくるのだ。

愛されているとか受け取っているとか気がつくと、どんどん満たされていく。

満たされた状態で行動するのと、枯渇《こかつ》した状態で行動するのでは結果がまったく違うだろう。

東京に戻って日々を暮らすなかで、この感覚はとても大きなヒントとなった。しかし、この充電ケーブル。常時接続ならよいのだが、いかんせんしょっちゅう途切れてしまう。せっかく和平さんからよい話を聞いておきながら、帰りの新幹線で、隣の席でひたすらスルメをしゃぶりながらビールを飲みまくる臭いおっちゃんがいると、天から愛されているなんて思えず呪いたい気分になるのだ。

「ああ、和平さんは山一證券で一五億円飛ばしても天から愛されてるとか言ってるんだよなぁ。それに比べたら……」

僕は車窓から富士山をぼんやり眺めながら、日本一への道のりはまだまだ遠いと思った。

花咲爺の
幸せを引き寄せる名語録

天は自分を愛してくれている。
まずこれに気づくことだよね。
これを否定して生きとったら何をしても苦しくて、
ワクワクなんか見つからんでよ。
ワクワクする場所が適所だがね。
愛されてると思ったら、
ワクワクなんて簡単に見つかるんだわ。
恋人ができると、
愛されてると思って何をやってもワクワクするんだでね。

人と接するときの三つの極意

叱らない・否定しない・支配しない

和平さんは、ニコニコしながらも、言いたいときは言う。

投資先の会社が赤字になったとき、そこの社長に次のような要求をした。

・日本トップレベルの高収益会社になると周囲に言いふらす
・経費を絶対に半分にすると決める

これ、二つともじつにハードルが高いよね。経営者ならどれだけ困難なことか説明するまでもないだろう。

あー、文章にするのが嫌だな。和平さんがめちゃくちゃ強引な人に見えるかもしれない。しかし横に一緒にいると、思わず涙してしまいそうなくらい、ぐっとくるのだ。

なぜなら、頭ごなしに命令するのではなく、相手の立場に立って一〇〇%の力で応援するスタンスをとって言うからだ。

このスタンスだと相手は感化されてしまうのだ。すると、相手のハートにスイッチが入ってしまう。感化されていない相手に命令してしまうと、相手のハートはガードすることに一生懸命になり凍りついてしまうのだ。

そして、どんな結果を生み出すのかは説明するまでもない。

和平さんのスタンスは至ってシンプルだ。

いっさい相手を叱らない
いっさい相手を否定しない
いっさい相手を支配しない

そしてこのときは、このような形で伝えた。

・その会社の存在意義を伝える
・社長がどれだけ恵まれているのかに気づいてもらう
・社長業の極意を伝える
・お客さんをどう喜ばせればよいのか伝える
・社長と会社のよい部分を徹底的に褒める

で、これを即時にぶわわわわ〜って言える。

なんで言えるかっていうと、日々相手の意義や素晴らしさを考えているからだ。

そう「尊さ」を常に見ているからなのだ。

社長の仕事は現場を感化させること

ちなみに、社長業の極意とは何だろう？

以前和平さんが言った。

「晃ちゃん、社長の仕事は感化させることが仕事だがね。社長というのはどれだけ現場を感化させられるかだよねぇ。晃ちゃんのためなら命がけでもよい！　そう思ってもら

えるにはどうしたらいいのか？　それを一生懸命考えるのが社長の仕事だがねぇ」

今、この本を読んでいる方の期待を裏切って申し訳ないが、ここは和平さんに掘り下げて聞かなかったのだ。

なんていうのかなー、ここは自力でマスターしたいと思ったのだ。

僕のところにも多くの経営者の方が相談に訪れる。

和平さんからいただいたこのヒントが、多くの経営者に役立っている。

現場とうまくいかないという相談があると、このような質問をする。

「最低な上司ってどんな人で、どんな特徴があると思いますか？」

その特徴をいっぱい書き出してもらうのだ。

たとえば、

- **手柄を横取りする**
- **責任を押しつける**
- **横柄な態度で接する**
- **言うことがころころ変わる**

・部下の痛みに気づかない

その真逆をやればいいのだ。

・手柄は部下のもの
・責任は全部自分がとる
・尊重した態度で接する
・言うことに筋が通っている
・部下の痛みを自分の痛みのように気遣う

このアイデアは、以前僕が、よい友人をもちたいと思ったときにベースとなるものを思いついた。

理想の友人像を紙に書いたのだ。嫌な友人像も書いた。その真逆を理想の友人像につけ加えた。そして、自分が理想の友人像をめざせばいいんだと思った。そしたら、類友の法則で似たような友人が引き寄せられるだろうと考えたのだ。

これは効果てきめんだった。

竹田製菓の近くには、桃太郎神社というのがある。昭和テイストでノスタルジックな神社なのだが、ここでふと、桃太郎について考えてみた。

こんなこと言ってはおかしいけど、**桃太郎って究極のブラック企業の社長みたいだ。**だって、部下が命がけで桃太郎の下で働くんだよ。しかも給料はきびだんご。ありえない。でもみんな、桃太郎をブラックだ、とは言わない。

その理由はとてもシンプルだ。自分たちの街を守りたい。我《が》ではなく、世のため人のためという志《こころざし》で動いているのだ。西郷さんと一緒なのだ。

昭和テイストな神社の境内で、僕はどんな志を立てればよいのか、古びた桃太郎像を見つめながら考えた。

「徳」がない人は成功し続けられない

一気に運気が上がるとき

あるとき、和平さんが、「**徳がない人は投資で成功し続けられないよねぇ**」とぽつりと言った。

この一言は強烈に耳に残った。**投資の世界だけでなく、人生すべてに言えることだ。**

僕の話になって恐縮だけど、二〇〇一年に、神田昌典《かんだまさのり》さんに誘われてセミナー講師をしたことがある。それにはきっかけがあった。

父の仕事を手伝い始めたばかりのときだ。売れるホームページをつくりたいと思っていたが、インターネットが日本に普及する前だったので、「売れるホームページのつくり方」なんて本は売ってなかった。

僕はホームページについてこんなふうに考えていた。

ホームページの役割は、お店にお客さんを連れてくること。数千万円の会員権（商品）をショッピングバスケットに入れてクレジット決済をするわけではない。お客さんから問い合わせがあって、ご来社いただくか出向いて行って契約をまとめるのだ。だから、つくろうとしているホームページは、チラシと同じ役割だ。

そこで、売れるチラシとは何かを研究しようと思い、本をたくさん買い込んだ。そのなかに、神田昌典さんの『あなたの会社が90日で儲かる！』（フォレスト出版）という本があった。チラシや広告、マーケティングなど、ビジネスについてよく知らない僕にも、めちゃくちゃわかりやすい言葉で書いてあった。

そして、**チラシで研究し尽くされたことをホームページに転用すると、面白いように集客できた。**

神田さんに「教わったことをホームページでやったら、とても売れるようになりました」と感謝を伝えたところ、「ぜひ一緒にセミナー講師をしませんか？」と声をかけてもらった。光栄な話だが一瞬ためらった。だって同業他社に知られたくないんだもん。ブルーオーシャンがレッドオーシャンになったら嫌なのだ。

でも、ホームページで注文が入るようになってから、うちは幸せになった。

家族でお好み焼き屋に行ったとき、携帯に注文メールが転送されてきた。当時ホームページから注文や契約メールが入ると、携帯に転送するよう設定していたのだ。メールを見ると、九〇〇万円の会員権の注文だった。

「お父さん！　これ儲かるやつが来た！」

「じゃぁエビ頼むかぁ」

このやりとりがすげー幸せだった。

ああ、これと同じようなことしたい人いるだろうなぁ。今売上げに困っていても、家族に焼肉ご馳走したい社長さんとかいるだろうなぁ。

僕が神田さんの本に頼ったときの心境を思い返して、セミナー講師をやってみようと思った。すると、そこから一気に運がよくなったのだ。

周辺の人が僕を胴上げしてくれる

セミナーで話をするのはむちゃくちゃ楽しくて、人に教える素晴らしさを経験できた。そして、もっと話を聞きたい、相談したいという人が増えてきた。最初はお金をもらわずに相談に乗った。お金を払ってでも教えたいというほど楽しかったのだ。

そうしているうち、お金を払ってくれる人が現れた。請求していないのに、「お礼に」と入金してくる人が増えた。ある人からお礼が振り込まれ、通帳を見ると一二〇〇万円の入金があった。

お金だけではなく、よい友人もたくさん増えた。なんでも協力してくれる友人だ。こちらがよい情報を流すとよい情報をもった人が現れた。よい師匠にも次々出会えた。

僕は、メールマガジンやブログでどんどん情報を出していった。

ときどき自分のセミナーを有料で行う案内も出したが、メルマガ読者で僕のセミナーを受けられる人は一部の人だけだ。セミナーを受けられない人のほうが圧倒的に多いのだから、その人たちにも喜んでもらうように書いた。

周辺の人に、自分のもっている豊かさや知恵や知識などをどんどん渡すと、どんどん運がよくなることに気がついた。

イメージで言うと、序章でも紹介したが、周辺の人が、僕を胴上げしてくれる感じだ。すると、雲の上のような人から見つかりやすくなるのだ。その人が、すっと次のステージまで運んでくれるのだ。

気がつくと、分かち合いや与えることの延長上に、もっと大きな幸せがあったのだ。

第5章

人生の極意

いつも希望をもって生きるために

受け取り上手な人が豊かになれる

目先の利益より大切なもの

和平さんと出会う前の話だが、僕は講演会で自分がつくったホームページの成功例を話していた時期があった。そんな最中、同業他社に一字一句同じページをもつホームページをつくられてしまった。パクられたのだ。

前章では分かち合いや与えることができたようなことを書いたけど、このときは烈火のごとく怒った。その会社の社長に抗議の電話をかけ、弁護士を通してやっつけるぞと脅した。

怒ったままトイレに入ると、鏡には鬼の形相をした自分がいた。

こんな気持ちになるために仕事をしているんじゃない！

ではどうしたら、マネされても穏やかな気持ちでいられるんだろう？

答えが見つかるまで一カ月かかった。

マネされればされるほど、この業界が大きくなるようなホームページをつくればいいんだ。そうすれば小さなパイを奪い合うのではなく、マーケットが大きく広がってみんなが食べていける。

この考えをベースにホームページに手を加えていくと、さらに売れるようになった。この経験をとおして、僕はマネされると楽しいと思えるようになった。

それでも、基本の考え方は自社のシェアをいかに大きくするかだったのだが……。

和平さんから、「わしの後継者にならんかね」と言われたときにも、つい気合を入れて、竹田製菓のタマゴボーロのシェアをいかに大きくするかという思いに囚《とら》われ、同業他社のパッケージを見ながら流通形態などを専務に聞きまくってしまった。

すると、和平さんが後ろから現れてこう言った。

「そんなことはせんほうがええ。その会社の食い扶持《ぶち》がなくなるでよ」

和平さんが指さしたのは、同業他社のパッケージだった。

「もっとほかに目を向けたらどうがね？　お年寄りに売るとかさぁ。あんまり徳のない

ことはせんほうがええでよ」

シビレた。僕はつくづくシビレた。

シェアを獲得しようとか競争に勝とうという考えではなく、もっと豊かなものを自分で生み出すという考え方なのだ。和平さんはシェアを取られるなんて考えていないのだ。もっと上の次元で考えているのだ。

やっぱり僕の師匠は日本一だった。

この考え方は目先の利益を逃すかもしれない。しかし、確実に言えることは、不満や不安ではなく、幸せを感じられるようになるということだ。そして巡り巡って、もっと大きな豊かさにつながっていくのだ。

相手の幸せは自分の幸せ。

その相手の範囲をどこまで広げられるかだと思う。大きく広げた人は、多くの人から愛され、結局うまくいくのだ。

才能は自覚したほうが早く磨かれる

和平さんのように純金を与えるのは、なかなかマネできない。

しかし、すべての人のなかに、眠れる純金のような豊かさがある。その豊かさを知らないうちに人に与えている。ところが、残念なくらいそれに気づかない。なぜなら、自然にできているからだ。どうやったら気づけるのか？

それは周囲の人から褒めてもらうことだ。

日本人にとっては、こっぱずかしいかもしれないけど、自分はどこがすごいのか聞いて回るのだ。可能であれば、こっぱずかしさを通り越して快感になるくらい褒めてもらうのが理想だ。

周囲に褒めてくれる人がいなければ、自分のほうから三〇人くらいを褒めてみる。すると、そのうち一人くらいは褒め返してくれるだろう。

きっと、人は同じような部分を褒めるだろう。しかし、その部分は自分にとって特別なことではないから、いくら褒めてもらっても自分の豊かさだとは気づかない。

欠点はがっちりキャッチするのに、長所はスルーしてしまうのも日本人の特徴だ。努力しないでできるから才能なのだが、ほとんどの人がその才能を見過ごしてしまう。

もし周囲の人から褒められたことが、自分の才能だとキャッチできれば、きっとその才能はさらに磨かれて自他ともに認めるレベルになるだろう。

才能は自覚したほうが早く磨かれるものだ。

以前クライアント先で、「褒め褒めワーク」なるものをやったことがある。

八人くらいで一人を囲って、その人に向かって、気づいた長所を褒めまくるのだ。たいていの人は恐縮して、「いえいえ、そんな」とか「違います」などと言ってしまうが、**「ありがとう」以外は言ってはいけないルール**だ。「ありがとう」と言うまで、同じ褒め褒めフレーズを何度も言われる。

これを、自分の才能や長所をしっかりキャッチするまで何度も行う。

僕もクライアントの輪に入り、そのワークを行った。

「ビジネスの才能ありますね」「仕事のことをよく知っていますね」なんて言われると、「あ〜気持ちいいなぁ〜、もっと言ってくれないかなぁ」という感覚になることができた。それで僕は、この分野の才能が磨かれ開花していった。

才能や長所は受け取って味わわなければ磨かれないし、活用しづらいのだ。認めると、周囲にどんどん提供できるようになる。

長所や才能を受け取ろう

なぜ、僕たちは長所や才能を受け取れず、隠してしまうのか？

それは傷つく経験が多いからだと思う。

僕が中学生の頃、英語の発音がバツグンに上手な同級生がいた。しかし流暢《りゅうちょう》な発音を披露すると、必ず冷やかす奴が出てくる。するとその生徒は、カタカナ英語で話し始めるようになった。

このように長所や才能は目立ち、攻撃の対象となるので、隠すようになってしまう。だからこそ、長所を他人から褒めてもらい、自分でヨシヨシとやり始めることからスタートするのだ。

「あのとき、すばらしい発音でしゃべってたよね。ヨシヨシ」と。こうして傷を癒《いや》していくのだ。

和平さんの場合は、「天から愛されてるがね！」の一言で傷を吹き飛ばしてしまう。この方法も試してみてほしい。

ちなみに、和平さんによい部分を言うと「そりゃありがとう。わははは」とほとんどキャッチされてしまう。

豊かだなぁと思う人を褒めてみるといい。驚くくらい受け取り上手なはずだ。

つまり、**受け取り上手になったら、豊かになれるということだ。**

ピンチのなかで伸びる人の考え方

危機を「危険」ととらえるか「機会」ととらえるか

和平さんは、リーマンショックのあとも変わらず、いつも顔に笑みをたたえていた。

お好み焼きをつくり、「晃ちゃん早く食べにこんかね?」と僕を呼んだ。

僕は内心びくびくしていた。株価が暴落し、さぞかしダメージも大きく、さすがに機嫌が悪くなっているのではないだろうかと。

しかし、和平さんは相変わらずの笑顔で嬉しそうにお好み焼きをつくっていた。

う~、株が大暴落したのに何で笑顔なんだろう?

聞いてもいいのかな。いや、強がって笑っているのかもしれない。聞いちゃったら、察することができないやつと思われるかな。聞きたいけど聞けないなぁと思いながら一晩を過ごした。

どうにも気になるので、翌朝聞いてみた。

「なんでそんなにニコニコしていられるんですか？　今回の株の大暴落ですごい大きなダメージを受けたんじゃないですか？」

「株価が暴落するなんてことは、もう何度も経験してるんだわ。

そんなに悪いものでもないがね。

戦後の焼け野原のときなんて、なーんもなくなったよね。それで、これは大変だと、日本中みんな一生懸命働いたよね。そしたら、たちまち経済大国として世界中に認められる国になったよね。

オイルショックのとき、石油がなくなると大慌てしたよね。産油国に頼ってる日本は、とくに打撃を受けたよね。だから日本の自動車会社は、低燃費の車を一生懸命つくったよね。そして、世界一の自動車大国になったよなぁ。

だからね、困るのは悪いことじゃないんだわ。

困ったら英知が出るよね。だから困るのは薬《くすり》よ〜。

どんなに悪い状況でも、人間ってやつは、絶対夢を見る。

いいかい、絶対夢を見るんだよ。悪くなればなるほど、豊かになりたいって夢を見る。どんな不景気でも夢を見るやつはおる。

オイルショックのときも、戦後の焼け野原でも、夢を見た人はおったがね。経済が悪くなっても、それは平均値が悪くなるだけで、夢見てる人はぐんと伸びるよね。

危機を、危険ととらえる人と、機会ととらえる人がおるよね。

夢をもち、希望を与える。そうすると自分も周りも元気が出る。

晃ちゃんは船に乗るのが好きよね。

船に乗っていて、大嵐のなか、灯台を見たら安心するがね。希望を与えて照らす、灯台のような存在になれば、これからの時代、人気者よ～

でもね、人気者は浮き沈みがあるから、ちゃんと徳という根の部分をしっかり自分のものにしないとね」


早朝六時、和平さんのマンションの窓から昇る朝日を一緒に見ながら、太陽より熱い話をし、熱い一日をスタートさせたのだ。

燃えるぜ～!!

花咲爺の
幸せを引き寄せる名語録

困るのは悪いことじゃないんだわ。
困ったら英知が出るよね。
だから困るのは薬よ〜。
どんなに悪い状況でも、
人間ってやつは、絶対夢を見る。
いいかい、絶対夢を見るんだよ。
悪くなればなるほど、
豊かになりたいって夢を見る。

恐れて慌てる人にならない

「大恐慌というのはだなぁ、大きく恐れて慌てると書くよねぇ。大変だ大変だという気持ちが連鎖するよね。そうすると本当に大変になっちゃうわけ。

でもねぇ、旦那《だんな》という生き方は違うよね。大変なときにこそ、周りに希望の光を照らすわけよ。こういうときこそ、夢を見て周りに希望を与えてみる！　と決めるわけ。そうすると大変だ大変だという連鎖に巻き込まれないわけよ。そこで大変の連鎖が途切れるの。

こういう旦那衆を育てたいねぇ。わしが小さい頃は、ああなりたいと思う旦那衆がおったね。わしも大人になったらああなりたいという憧れの人がおったがね。でも最近はおらんね。すると次の旦那が育たんねぇ」

「大旦那は目の前にいます！　しっかり憧れています!!」

「わはは、そうかね。晃ちゃんも旦那になって、憧れの人になって、旦那をいっぱい育ててなぁ」

恐れるのではなく、夢を見るという生き方——この生き方には覚悟がいる。

ただ、覚悟するしないにかかわらず、覚悟は迫られている。

本書の最後になって暗いことを書くのもどうかと迷ったけど、リーマンショックのタイミングを当てた和平さんは、「二〇二二年頃、経済が破綻《はたん》するねぇ」と言うのだ。

各国で財政破綻が始まり、資本主義経済の方向性が世界規模で見直される時期が来るらしい。現在の経済は、自分さえよければいいという我が肥大化して暴走し、いずれいき詰まるというのだ。

経済がいき詰まれば、大きく恐れて慌てる人が増え、負の連鎖が始まり大恐慌になる可能性が高くなる。これでは七〇年前、世界で戦争をしていた時代と変わらない。

和平さんは、負の連鎖をつなぐのではなく、真心の連鎖をつなぎ、どうにかして大恐慌ではなく、新たな思いやりに溢れた世界にシフトさせようと、八一歳を超えた今でも精力的に活動している。（編集部注・二〇一六年に八三歳でお亡くなりになりました）
本当の経済活動とは、相手を思いやり、お互いが幸せになることだと言う。
これから世界が求めるリーダー像は、自分さえよければいいという人ではなく、思いやりと調和をもった真心の人だ。

従来、日本人は周囲の人との和を尊び生きてきた。だから、これからの世界が求めるリーダーは、日本からたくさん育ちやすいと和平さんはおっしゃっている。

世界を真心に溢れた方向へ導き、希望で照らしていくことを、和平さんも世界も願っているし、それがどんな時代でも一番幸せに生きる方法なんだと思う。

そう、時間は限られてはいるが、大きく恐れて慌てる人になるのではなく、希望の光を照らす人になるまで、まだ時間はある。


何かを与えようと思った瞬間から、不思議と恐れは消えてしまう。自分は何かを与えられる存在なのだと、セルフイメージが変わるからだろう。

与える人が恐れる人より増えた瞬間から、きっと世界は変わるはずだ。

与える人になると、味わえる喜びが本当に変わってくるんだ。

旦那としての生き方

お正月になると、和平さんのところには毎年大量の年賀状が届く。

生まれたときに純金メダルをもらった子の親御さんたちからのものだ。優に一〇〇〇通は超えているだろう。和平さんは、その年賀状を笑顔で見ながら「ありがとう、ありがとう」と一通ずつに語りかける。

「和平さんは一〇〇〇人以上の子どものお爺ちゃんみたいなものですね！」

「そうかね。ありがたいねぇ」

そばで見ていると、これが震えるくらい感動するんだ。

その年賀状をニコニコしながら見ている和平さんは、たいへんな幸せのなかにいるのがよくわかる。大きな幸せを感じているのが、隣にいてビシバシ伝わってくるのだ。

この幸せの感覚は和平さんにしかわからないのだろう。でも、同じ男として生まれたのだから、この気持ちを味わってみたい。すごく惹《ひ》かれる。

これが**旦那としての生き方**なんだな。

幸せな生き方をしていると、周囲の人が同じような生き方をめざし始め、新しい循環が始まる。

そんなサイクルをつくれたら最高だ！

「昔はなぁ、町の橋が壊れたっていうと旦那が私財を投じて改修したりしたよね。失業した人がいたら仕事を与えたり斡旋《あっせん》したり。与えたほうは名誉になるし、もらったほうは感謝になる。お互いがよい関係だったよね」

そんなマブシイ旦那を見て、和平さんも旦那をめざそうと思われたそうだ。人は、好きな人や惚れた人からは、すぐに学びたくなる。

僕も人間力を増しながら、学び学ばれる生き方をめざしたいと思うようになった。

「自分も尊いとしたら?」と問いかける

和平さんと時間をともにして、一番インパクトが大きかったのが「**尊い**」というキーワードだ。そう、落ち込んでいた上場企業の社長さんをやる気にさせた、あの一言だ。

「ええかい、あんたの仕事は尊いねぇ」

和平さんの個人レッスンを受けておきながら、なんだかんだ言って、僕はまだまだブレたり落ち込んだりしてしまうことが多い。

そんなときに、この「尊い」って言葉を思い出してみる。

自分のやっていることが見えなくなったり迷ったりしたとき、ふと「自分も尊いとしたら?」と問いかける。

これは、セルフイメージを一気に引き上げる究極の魔法の言葉なんだと思う。

僕は今まで多くの人にコンサルティングをしてきた。その仕事でも迷うことがある。クライアントの方々からお礼の手紙をもらうことも多いけど、なんだか照れくさくて一度読んだら引出しにしまいこんでいた。

こっぱずかしいのだ。

ところが「尊いとしたら?」と問いかけると、こういったお礼の手紙をもう一度読み返すことができてしまう。

僕はコンサルティング以外の仕事もしていて、なかにはまったくお礼を言われない仕事もあるが、「尊いとしたら?」と問いかけると、「あ、こんなふうに役立つことができていたんだな」と思いがけない発見がある。

すると自尊心が戻ってくるし、ああこの仕事をもっと続けてみようと思うし、そんなモードでいると、なぜだか多くのクライアントさんが自分のところに来るようになる。

自分の素晴らしさや尊さを受け取り味わえるようになってくると、変な努力をしなくても、不思議と上りのエスカレーターに乗るような感覚で、努力しても手に入らないようなものがやってくるのだ。

豊かさを受け取る器《うつわ》ができると、そこにぴったりのものがやってくる。
騙《だま》されたと思って「自分も尊いとしたら？」と問いかけてみよう。
きっと、あなたらしさの花に気づき、それがふくらみ始めるだろう。
そして、今まで見えなかった上りのエスカレーターが現れて、今とは全然違う場所に到達するはずだ。

それに、自分を尊いと思い始めると、不思議と他人の尊さに気づけるようになる。その人が咲かせた花に気づいたり、どんな花を咲かせようとしているのか、とてもよくわかったりするようになる。その人がもっていた、すごい人生の地図に気づけるようになるのだ。

この地図は、気づいた瞬間にインストールできるから、幸せマニアにはたまらない。

ワクワクのコンパスを大切にしよう

いったい自分は何者で何をしていくのか

僕は自分について、二〇代の頃は自分探し君だったと言ったけど、それは三〇代を過ぎて四〇代になっても、相変わらず続いている。

なんだか永遠の旅人みたいな感じだ。いったい自分は何者で何をしていくのか、ときに霧がかかったように見えなくなることがある。

四〇代になってよかったなぁと思うのは、永遠の旅人を悪くとらえなくなったことだ。よりよい人生の地図を求めた結果、和平さんのような人と出会うことができたんだから。

強烈に望むと、答えをもつ人が目の前に現れることがある。この瞬間はたまらなく嬉しい。そして、その人から学べることがめちゃくちゃ嬉しい。

英語の偏差値が三八だった僕が、今学べることが嬉しいと言えるのが信じられないが、嬉しいのだ。そういえば、僕が英語を話せるようになったのは、英会話学校の先生が、めちゃめちゃタイプの女性だったからだ。

僕は好きな人や惚れた人からだとスポンジが水を吸収するように学べる。学ぼうとする相手が魅力的かどうかで、学びの度合いが変わる。

魅力的な人と時間を過ごすと、自分の魅力もまた上がっていくようだ。すると同じように悩んでいる人がやってきて、いろいろ聞いてくるようになる。

その人の話をじっくり聞くだけでいいときもあるし、よい地図をプレゼントして喜ばれることもあり、この瞬間がタマラナク嬉しい。僕と同じように、地図を見てパッと生き返ったように表情が変わる瞬間に立ち会えるのがほんとうにタマラナイのだ。

だから僕は六〇歳になっても七〇歳になっても、相変わらず幸せマニアを続けているだろうし、誰かが幸せになるお手伝いや仕事をライフワークとして続けているだろう。

この先迷ったら、日本をつくった偉人たちにその地図を求めれば、少しは和平さんに近づけるだろうし、たくさんの感動的な発見があるだろう。

和平さんと出会うことによって、本当によい人生の地図が手に入った。

その地図を見ながら、諦《あきら》めずに歩けるヒントももらった。

ワクワクする場所に行って輝く

「成功しようと思ったら、偉人たちの動機を理解したらええねぇ。動機がある人は成功するまで気がもつけど、動機がないと成功するまで気がもたんがねぇ」と和平さんは言っていた。

「偉人たちの最初の動機は、まず家を守ろうだったよね。

お父さんお母さんを楽させたい。女房子どもを安心させて食わせたい。まず家を守ることだったよね。

家を繁栄させたら、今度は地域社会だよね。

どう自分の地域社会を豊かにしていくか？

そして地域社会を豊かにしたら、今度は国だったよね。

そうして偉人たちは動機を大きくしていったがね」

偉人たちは、人生の地図をこのステップで歩んでいったのだ。

自分の尊さに気づくことによって、自分らしい花が見つかる。その花をこのステップで大きく咲かせていけばいいのだ。

僕は、道中迷っても、和平さんのように過去の偉人たちから学ぶことにした。

そして、偉人たちはどんな動機で生きてきたのかますます興味が湧いた。

偉人の動機について聞いたときは、正直国を思うまでのレベルは、自分のこととしてピンとこなかった。そんな器じゃないと思っていたのだ。でもそれは、じわじわとボディーブローのように効いていて、自分のなかに種のようなものが植えつけられ、芽が出るような感覚になった。

百尊家宝を持ち歩き、嫁さんと五大陸を旅しながら、日本に生まれたことをとても幸せに思うようになった。

財布を落としたら交番に届けられ、飲める水がトイレにも流れて、地下鉄で眠れる。僕らは世界一裕福で幸せな国に生まれたのだ。

こんな国はほかにない。

世界中を旅し、日本人であることがわかると、大抵の現地の人たちはよい扱いをしてくれた。これはきっと、日本の先人たちが現地でよい行いをしたからだろう。

和平さんのオフィスには、「大和心よ美しかれ」と書かれた額が掲げられている。

最初は意味がわからなかったが、日本の先人たちが築きあげた大和心は美しいものなんだと、五大陸を旅しながら気がついた。

そして、日本のよさを世界に広げられないだろうかと思うようになった。

この旅によって、僕は大きな気づきと次のビジョンを得た。

日本ってすげー国なんだなぁ、どうやってこのすごさを広げられるかなぁと。

大それたことだけど、結構ワクワクする。

このワクワクが大事だと和平さんも言う。

「天はなぁ、その人が一番輝ける場所を必ず用意しているよね。その人がワクワクしている場所、これが天が用意してくれた、その人がもっとも輝ける場所だよねぇ。必ず輝ける場所、適材適所があるよねぇ。誰にでも必ずあるよ。本当よ。天ってやつはいつもみんなを愛してくれてるでねぇ。わはははは。

天の愛に気づくには、感謝すること、感謝されること、愛を捧げること、この三つが大事になるよねぇ。そしてワクワクしたら、その場所に行って輝けばええがね。わははははー」

とりあえず、一度理屈抜きで一緒に笑ってみよう。

和平さんの言葉は頭で理解しなくたっていいんだ。「そうかな⁉　そうかもしれない

花咲爺の
幸せを引き寄せる名語録

天の愛に気づくには、
感謝すること、
感謝されること、
愛を捧げること、
この三つが大事になるよねぇ。
そしてワクワクしたら、
その場所に行って輝けばええがね。

な」と思い、声を出して笑うとインストールされる。

心のコンパスに従って進む

僕が三〇代後半に世界一周の旅をしようと思いたったのは、自分が強烈にワクワクしたからだ。

二〇代の頃、自転車旅を思いついたときも、強烈にワクワクしたからだ。そこでインターネットの可能性に気づき、自分を好きになることが理解できて生き方が好転した。

旅だけでなく、和平さんの話にたまらなくワクワクして親しくなったら、たくさんのことを学び楽しい経験を積むことができた。

つねにワクワクに従って生きると、人生が面白いように好転していく。

ワクワクを大切にすると、次に進む道を心のコンパスが指してくれるのだ。

ビジョンはいつだって、ワクワクしたあとに生まれる。これは、和平さんや僕の周囲でうまくいっている友人たちを見ていて心底思う。

自分が何をしたらいいか次のビジョンが見えないときは、ワクワクすることを始めてみよう。心を躍らせ心の感度をビンビンに上げて、ビジョンをがっちり受信するのだ。

いつの時代もたくさんの変化があるから、将来に不安を抱えやすい。だからこそ心のコンパスが大切になる。


二〇一一年八月のニューヨーク・タイムズ紙に、米デューク大学のキャシー・デビッドソンさんの研究について書かれていた。「米国で二〇一一年度に小学校に入学した生徒の六五%は、大学を卒業したとき、今は存在していない職に就くだろう」とあった。

僕も、自分がインターネットの仕事をするなんて想像もできなかった。

終身雇用制度だって、ちゃんと機能していたのは、高度成長期で人材確保が難しくなった一九六〇年代からバブル経済が終わる九〇年代の初めまでだ。たった三〇年しか機能していないから、じつは新卒から定年まで終身雇用制度の恩恵にあずかれた人はごく一部なのだ。

だから将来はわからないし、想像できないし、不安になるのは当然なんだよね。

でも、常にこのワクワクのコンパスを大切にしていると、自分が進むべき方向を教えてくれると思う。

「天から愛されとるがねぇ～」の意味がいまいちピンとこなくてもいい。

いろんな問題や出来事が起こったとき、「もし今、愛されているとしたら?」という視点をもつだけで、まったく違う観点から人生の方向が見えたりする。

和平さんは、所有株が暴落したとき、「天が儲けすぎと言っただけがねぇ。それよりわしの仕事は社長を励ますことで」と、肯定的に事態をとらえて自分の進む方向をキャッチしている。

和平さんが言う「感謝すること、感謝されること、愛を捧げること」の三つを軸にすると、変化の時代を上手に生きていけるんじゃないかと思う。

そして、自分なりの美しい花が咲いていくんだと思う。

幸せな成功者の教えはいつもシンプル

日本のよさを伝えていきたい

自分の幸せばかり考えていた僕が言うのもおかしいけど、和平さんとの出会いによって、自分の動機を国のレベルに置いたらどうなるんだろうと考えるようになった。

あー、書いていて大それてるなぁと思う。でもね、この本を読んでいる方も自分の動機を国レベルにしたら？　と考え始めているんじゃないかと思う。

僕は日本のよさを伝えていく活動ができたらなぁと思うようになった。偉人のように国や世界のレベルで考えてみたくなったんだ。付け焼き刃的な動機かもしれないけど。和平さんの教えを生かして、本を読んでいる方も、国を思ってみるのもいいんじゃないかと思う。

ほんと、日本ってめちゃくちゃ豊かな国なんだよ。経済的にも精神的にも。日本の文化が世界に広がれば、世界は本当に平和になるんじゃないかと思うけど、どうだろう？

世界中のどこで財布を落としても届けられるようになったら素晴らしいと思うのと同時に、こんな考えは世界の現状を知らない発言だとも思う。それでも、日本人がもっと活躍して、世界中に僕らの文化を広げられたらこんなにいいことはない。

戦前は、戦って血を流しながら相手の国へ自国の文化を浸透させるようなことが、世界中で行われていた。今は経済の力を使って、血を流さずに、相手の国を豊かにしながら、文化を伝えることができる。和平さんとの出会いによって、経済に対する僕の見方も変わった。経済の力は、このように扱えばどこでも歓迎されるだろう。

何ができるかわからないけど、日本の経済を強くするお手伝いをしたいなぁと思うようになった。日本経済が活発になり日本の豊かさが世界に行き渡れば、世界は平和になる。幸いインターネットを使ってさまざまな仕掛けをつくることは大好きな分野だ。

僕の周辺には、とても優秀な経営者やコンサルタントの友人がたくさんいる。彼らの協力を得ながら、誰でも手軽に経営を学べるようなポータルサイトを構築していきたいと思っている。とくに経営で困ったときに、すぐに役立つような、そんな宝の地図を友人たちと一緒につくって掲載し、日本経済を支えていきたい。

深い愛情で、日本の大株主として日本経済を励まし支え続ける和平さんの生き方に刺激を受けて、そう考えるようになった。そして、大きな花を咲かせている日本という国に、自分の花を添えて咲かせてみたらと思うとワクワクするようになった。

和平さんはこんなこともおっしゃっていた。

「国家というのは、その名の通り家の集合体だよね。よい家がよい国をつくるがね」

僕は世界を旅して、よいガイドさんには共通している点があることに気づいた。それは家族を大切に思っていること。そういうガイドさんは自分の国のよさを知ってもらおうと、仕事の枠を超えてよく世話をしてくれ、たくさんの思い出をプレゼントしてくれた。国を思う前に、まずはよい家庭をつくることがスタートなんだと思った。

日本を輝かせ世界をマブシイものに

幸せマニアの僕は、経営だけでなく、家庭関係や人間関係をよりよいものにしていきたいので、人間関係の達人たちからの知恵や知識も宝物としてコレクションしてきた。

どれだけ稼いでも、身近な人とよい人間関係を築けなければ、なかなか幸せを感じることができないだろうし、何より寂しさに耐えられない。

家庭関係や人間関係を学んでいくと、そのなかで素晴らしい知識や知恵をもった師匠や友人たちと出会うことができる。彼らの協力を仰ぎながら、よりよい人間関係や家庭環境を生む、知識や知恵が集まった何かしらのポータルサイトをつくり上げ、社会に還元していこうと考えている。そして、よりよい時代にできたらなぁと思う。


僕には、相手がどんなＶＩＰであっても、自分探し君のようなバックパッカーであっても、すぐに親しくなり、相手の心を平和に楽しくさせる特技がある。

世界で影響力の高い人たちと家族ぐるみで仲良くなり、その人たちの家庭が平和になったら、その国も平和に豊かになるんじゃないかなぁと思っている。

どうすれば世界で影響力の高い人たちと知り合えるのか今はわからないが、和平さんとの出会いのように、それはきっと面白いベストなタイミングで訪れるのだろう。

そんなことを和平さんと出会ってから思うようになったのだ。


和平さんのスケールから比べると小さいけれど、自分のできる範囲から国を思い行動しようとするなんて、和平さんと出会っていなければ、考えもしなかっただろう。

ありがとうをたくさん言う。
この国の素晴らしさに気づく。
自分の尊さに気づき始めると、自分が咲かせようとする花が見えてくる。
その花を家庭、地域社会、国へと広げていく。

幸せな成功者の教えは、いつもとてもシンプルだ。
いつも僕は、いろんな理由をつけて難しく考えて幸せを遠ざけてしまいがちだ。
素直にやってみよう。
きっと今よりずっとよい人生が待っていると思う。

僕もどこまでできるかわからないけど、和平さんからの学びを、重ねて考えてくれる人が増えると嬉しい。
和平さんから学んだこのステップが、あなたらしい花を咲かせ、日本を輝かせて世界をマブシイものにしていったら、こんな嬉しいことはないがねぇ〜！

おわりに

最後までお読みいただき、ありがとうございました。

竹田和平さんと時間を過ごしながら強く感じたのは、和平さんはどんな状況でも不満より先に感謝の気持ちをもたれるということです。

足りないと思うと足りない現実をつくり、満ち足りていると思うと満ち足りた現実をつくるというのは、どこかで聞いたことのある話でしたが、和平さんの言動を身近にして、本当にそうなのだなと確信しました。

どんなときでも奇跡や豊かさが「ある」と気づかされ、「あることが難しい。これがありがとうだよね」と和平さんから言われ、現状に感謝する習慣を心がけるようになりました。

現状の不満をバネに人生を展開する方法もあるかもしれませんが、現状の素晴らしさに気づき、ありがとうと言いながら人生を展開するほうが、ずっと幸せなんだなぁと感じています。

僕もここで伝えたい感謝があります。

竹田和平さん。貴重なお時間をたくさん共有させていただき、多くの大切なことを教えてくださり、ありがとうございました。

和平さんの旦那としての生き方は僕の人生における大きな糧《かて》となりました。和平さんのお陰で、旦那を目指すだけでなく旦那を多く育てるような人物に成長したいと思うようになりました。深く感謝いたします。

山本時嗣さん。和平さんとのご縁をつないでいただいたお陰で、僕だけでなく多くの人の人生が素晴らしく変わっていきました。ここに感謝します。

この本の出版を勧めてくださり、フォレスト出版の太田宏社長をご紹介してくださった、本田健さん。ご紹介だけでなく、著者としての心構えや生き方など多くのことを惜しみなく教えてくださったことに感謝します。

フォレスト出版の太田社長。本の書き方を懇切丁寧に教えていただき、お陰様で書き上げることができました。原稿を仕上がるのに八カ月も要しました。辛抱強くお待ちいただけただけでなく、たくさんの励ましを頂戴したことに感謝します。

この本を書くにあたっては、僕のセミナーを受講してくださった方々からも多大な協力を得ました。質問力の高いみなさんとチャット形式でやりとりをしながら書くと筆が進むことに気がつき、質問を受けたり励ましをもらったり、ときには爆笑しながら書き上げることができました。

とくに構成を一緒に考えてくれた太田晴也さん、名古屋言葉を細かく指導してくれた伊藤元二さん、最新のマーケティングで協力してくれた今野陽悦さん、そしてセミナー受講後も友人として、僕のチャットに快く応じてくれたみなさんに感謝します。

スランプのときは、作家の友人たち、心屋仁之助さん、平本あきおさん、ひすいこたろうさん、犬飼ターボさん、武田双雲さんから、楽しく書く秘訣をたくさん教えていただきました。感謝します。

原稿を書き終えてから、僕のはちゃめちゃな日本語を丁寧に整理し、編集協力をされた大屋紳二さんに感謝します。

お子さんが産まれたばかりでお名前をつけるのにお忙しいなか、この本にも素晴らしいタイトルをつけてくださった、編集担当の寺崎翼さんに感謝します。

そして、僕を育ててくれた両親へ。海外に放浪したときや、会社で好きなようにホームページをつくろうとしたとき、僕が会社以外での活動に重心を置いたとき、いつも快く応援してくれたことに感謝します。

いつも細やかな気遣いで支えてくれる妻、存在するだけで人は素晴らしいということを教えてくれた娘に感謝します。

そして、この本を手に取って、最後までおつき合いくださった読者のみなさまに深く感謝いたします。

本当にありがとうございます。
ありがとぉぉぉぉぉ!!
みんな、愛してるぜ!!!

二〇一四年六月二六日　梅雨の晴れ空　やさしい木漏れ日がさしこむ書斎にて

竹田和平さんはこんなすごい人！

・1933年生まれ。名古屋在住
・「タマゴボーロ」「麦ふぁ〜」などのお菓子で知られる竹田製菓の会長
・元菓子職人の父親と菓子製造業を興し、1952年竹田製菓株式会社を設立
・いち早くオートメーション化による大量生産を導入
・100社以上の上場企業の個人大株主*
・所有株式の時価総額は100億円以上*
・和製ウォーレン・バフェットの異名をもつ
・日本の未来を担う人材育成のため「まろわ講」(「まろわ問答講」)を主宰
・自身の経験や財産を人材投資という形で社会還元している
・「わくわくセンター」「お菓子の城」「純金歴史博物館」創設者
・自身と同じ誕生日に産まれた全国の赤ちゃんに金メダルをプレゼント
(生前、なさっていました)

花咲爺・竹田和平公式サイト一日一言ブログ

http://www.takedawahei.net/

おもな著書・関連書

『竹田和平の強運学―日本一の投資家が明かす成功への7つの黄金則』
(東洋経済新報社)
『人生を拓く「百尊」の教え』(講談社)
『いま伝えたい生きることの真実』(生活文化出版)
『人とお金に好かれる「貯徳」体質になる！』(講談社)
『まろわ賛歌』(メトロポリタンプレス)
『けっきょく、お金は幻です。』(サンマーク出版)
『富裕の法則』(マガジンハウス)
『花のタネは真夏に播くな』(文春文庫)

*2011年時点でのデータに基づく。

本書は、フォレスト出版株式会社より２０１４年７月に発行された単行本
『日本一の大投資家から教わった　人生でもっとも大切なこと』を文庫化したものです。

祥伝社黄金文庫

日本一《にほんいち》の大投資家《だいとうしか》から教《おそ》わった
人生《じんせい》でもっとも大切《たいせつ》なこと

令和3年 9 月20日　初版第1刷発行
令和6年10月27日　　　　第4刷発行

著　者　本田晃一《ほんだこういち》

発行者　辻　浩明

発行所　祥伝社《しょうでんしゃ》

〒101－8701
東京都千代田区神田神保町3－3
電話　03（3265）2084（編集）
電話　03（3265）2081（販売）
電話　03（3265）3622（製作）
www.shodensha.co.jp

印刷所　萩原印刷

製本所　ナショナル製本

Printed in Japan　© 2021, Koichi Honda　ISBN978-4-396-31812-3 C0130

祥伝社黄金文庫

ひすいこたろう

犬のうんちを踏んでも感動できる人の考え方
——ものの見方クイズ

この本は、あなたをもっと自由にする本です。人生を100倍楽しくする考え方をクイズ形式でお伝えします。

ひすいこたろう

世界で一番かわいい名言
——笑えて泣ける子どもの言葉

天才コピーライター・ひすいが思わず脱帽。こどもの名言・迷言・珍言は幸せになれるヒントが詰まっている。

ひすいこたろう
石井しおり

恋人がいなくてもクリスマスをワクワク過ごせる人の考え方
——常識を疑うことから始めよう

今日は何があっても楽しもうと決めよう。決めたらそうなります。ビジネスの現場で役立つ先人の言葉＋エピソード。

ひすいこたろう
白駒妃登美

人生に悩んだら「日本史」に聞こう

秀吉、松陰、龍馬……偉人たちの発想の転換力とは？　悩む前に読みたい、愛すべきご先祖様たちの人生訓。

西沢泰生《やすお》

日曜の夜、明日からまた会社かと思った時に読む40の物語

仕事って意外に面白いかも。あの著名人のとっておきのエピソードと名言40本。仕事の見方が180度変わります！

西沢泰生

名言サプリ
——言葉なんかで人生なんて変わらないと思っているあなたに

元気になれる。疲れが取れる。笑える。名言には、ピンチをチャンスに変えるパワーがある。